Liebe Eltern,

ADS-Kinder sind nie langweilig. Sie können mit ihren tollen Ideen begeistern, sie können aber auch noch jeden Tag eine große Herausforderung sein und die Nerven strapazieren. Erfolg, gutes Selbstbewusstsein und Freunde trotz ADS, dies sollen keine Wunschträume bleiben, sondern realisiert werden. Hierzu brauchen ADS-Kinder Hilfestellung.

Sie haben in den ersten beiden Hefte der Reihe „ADS. TopTipps für Eltern" die Besonderheiten von ADS-Kindern und viele Erfolgsstrategien, u. a. aus dem Verhaltenstraining kennen gelernt. In diesem 4. Band finden Sie weitere Top Tipps für die Umsetzung von Therapiezielen. Das Motto heißt: Probleme lösen und Erfolge ermöglichen.

Sie werden an vielen Beispielen erfahren, wie Therapiemodule individuell genutzt werden und sich gegenseitig ergänzen können, damit es auch Ihrem Kind gelingt, seine Talente einzusetzen. Herausforderungen meistern, Freundschaften gestalten und eigene Stärken kennen, sind die beste Basis für die Persönlichkeitsentwicklung und für Lebensglück.

Nutzen Sie die Möglichkeiten effizienter Therapiemodule, damit möglichst schnell Probleme minimiert werden und schöne Erfahrungen viel Zeit und Raum gewinnen.

Dr. Elisabeth Aust-Claus

ADS. Die TopTipps für Eltern

Therapie bei ADS - Erfolge ermöglichen

1 Nett, erfolgreich, engagiert – trotz ADS?!

Hier erfahren Sie:

>> Was assoziieren Sie mit ADS?

>> Hättest du das gedacht?

>> Wer braucht zunächst Hilfen?

ADS-Problematik im Griff?!

1.1. Was assoziieren Sie mit ADS?

Stress, Lernprobleme, soziale Schwierigkeiten?
oder

Spaß miteinander, Lernerfolge, gute Freundschaften, Verlässlichkeiten?

Kann man mit ADS überhaupt erfolgreich, strebsam und zufrieden sein? Was assoziieren Sie bei dem Begriff ADS? Ähnliche Beschreibungen, wie sie in Zeitschriften stehen? Leistungsschwach, nervig, egozentrisch und nie an Lernzielen interessiert? Oder auch Charakterisierungen durch Begriffe wie aggressiv und unzuverlässig?

Natürlich sind ADS-Kinder zunächst anstrengend, testen Grenzen aus, hören nicht zu und sind eigensinnig. Sie haben grosse Schwierigkeiten, Anforderungen zu meistern, ansonsten wäre nicht die Diagnose ADS mit oder ohne Hyperaktivität gestellt worden. Sie erinnern sich an die Beschreibung von ADS mit seinen vielen Facetten im Heft „TopTipp 1. Erziehung und Förderung des Selbstbewusstseins Ihres Kindes". Die **Kernsymptome bei ADS – Unaufmerksamkeit, Impulsivität, Hyperaktivität/Verträumtsein in Kombination mit möglichen assoziierten Störungen** bergen die große Gefahr, dass Kinder und auch ihre Eltern bei nicht ausreichender Hilfestellung verzweifeln, weil nichts zu klappen scheint. Es gibt Beschwerden von der Lehrerin, die Noten lassen zu wünschen übrig, Hausaufgaben und Üben sind ein täglicher Kampf. Es gibt viel Streit und Widerstände, unbequeme Aufgaben zu erledigen..

Trotz aller Probleme haben ADS-Kinder sehr witzige und liebenswerte Eigenschaften. Manchmal sind diese bei sehr ausgeprägter ADS-Problematik nicht mehr gut sichtbar. Erst durch Therapie und Erfolgserlebnisse kommt die eigentliche Persönlichkeit zum Vorschein und Schwierigkeiten treten in den Hintergrund. Damit der Lebensweg nicht durch viele Stolpersteine geprägt wird und letztendlich die Persönlichkeitsentwicklung leidet, sollte jedes ADS-Kind so früh wie möglich eine effiziente Therapie bekommen. Je nach Ausprägungsgrad des ADS und weiteren Problemkonstellationen muss die Hilfestellung individuell angepasst sein. Wir sprechen dann von einem **individuellen Therapiemanagement**, auch wenn natürlich Grundprinzipien zur Minimierung der Symptomatik angewandt werden, die anhand von internationalen Therapieleitlinien jedem erfahrenen Arzt und Therapeuten bekannt sind.

Ihnen werden in dieser kleinen Broschüre wissenschaftlich fundierte Therapiebausteine vorgestellt.
Sie finden Beispiele aus der Praxis und meine Erfahrungen mit den verschiedenen Therapiebausteinen. Es gibt Kinder, die schnell ihre Problematik kompensieren, wenn Eltern im ADS-Elterntraining geschult sind und täglich die Bewältigung von Anforderungen mit unterstützen. Dann gibt es Kinder, die brauchen ein Verhaltenstraining, in dem neben Strategien für eine bessere Konzentration auch die emotionale Wahrnehmung, das Selbstbewusstsein und die Kommunikation trainiert werden. Andere Kinder mit einer sehr ausgeprägten ADS-Problematik brauchen zusätzlich eine medikamentöse Therapie.

In den ersten beiden TopTipp-Heften haben Sie viele Kinder kennengelernt, die durch Hilfestellungen im Alltag, Entwicklungsförderung und Verhaltenstraining Lernanforderungen meistern, Regeln einhalten können und selbstbewusst sind. Auf den nächsten Seiten werden Sie Beispiele von Kindern und Jugendlichen aus meiner Praxis finden, bei denen alle Therapiebausteine nötig wurden, um Erfolgserlebnisse zu haben.

Ich möchte Ihnen vier kurze Geschichten und Kommentare von mittlerweile jungen Erwachsenen vorstellen, die mit dazu beitragen möchten, dass über sie als ADS-Betroffene anders gedacht wird. Sie ärgern sich immer über das „Schubladendenken" und die Kommentare zu ADS-Betroffenen in Medienberichten. Sie sind keine Versager, keine Sonderlinge oder rücksichtslosen Egoisten!

Im Gegenteil: sie haben gute Schulabschlüsse, setzen sich ehrgeizige Ziele und können Anforderungen bewältigen. Sie sind beliebt, haben gute Freunde und engagieren sich in ihrer Freizeit für andere.

1.2. Hättest Du das gedacht?

>> Cosima

Heute habe ich wieder allein an der Tafel gestanden und war ganz schön aufgeregt – diesmal musste ich aber keine Matheaufgaben lösen, sondern durfte 22 Kinder mit dem Satz begrüßen „Guten Morgen! Ich bin Frau Krause, eure neue Lehrerin. Ich möchte euch in den nächsten Wochen kennen lernen. Wir werden zusammen neue Buchstaben lernen, lesen und Geschichten erzählen".

Wenn mir vor 15 Jahren jemand die Zukunft vorausgesagt und mich als Lehrerin in eine Klasse gebeamt hätte, ich hätte diese Person für komplett verrückt gehalten.

Ich ging damals in die 2. Grundschulklasse und keiner – außer meinen Eltern – hat überhaupt daran geglaubt, dass ich die 3. Klasse schaffen könnte. Es war eine Katastrophe: im Unterricht habe ich nichts mitbekommen, Mathe nie kapiert und fast den ganzen Nachmittag Hausaufgaben gemacht. Ich war blockiert bei Arbeiten, hatte fast jeden Tag Kopf- und Bauchschmerzen und nur noch schlechte Stimmung und Verzweiflung. Meine Gedanken waren immer auf Wanderschaft, ich konnte nicht lange zuhören, wurde ausgelacht, da ich die einfachsten Fragen nicht beantworten konnte und ich glaubte selbst: Du bist einfach zu dumm! Auch meine Lehrerin bestätigte dies und schlug meinen Eltern eine sonderpädagogische Überprüfung vor. Was sollte dabei schon rauskommen? Eine Empfehlung für die Sonderschule für Lernhilfe! Also die „Dummenschule"! - passt ja, bei dem langsamen Arbeitstempo und den schlechten Leistungen in den Klassenarbeiten! Mündlich bekam ich auch nichts auf die Reihe, weil ich mich nicht traute etwas zu sagen. Ich habe einfach zu oft geträumt und war mit meinen Gedanken woanders.

"Sonderschule für Cosima - auf gar keinen Fall!" wehrten sich meine Eltern und suchten andere Hilfen. Einiges haben wir ausprobiert, vieles half nicht. Dann die Untersuchung mit vielen Tests bei einer Kinderärztin und die Erklärung für mein Dilemma: ADS ohne Hyperaktivität.

Zunächst hatten natürlich meine Eltern auch viele Vorbehalte. Ist die Diagnose wirklich richtig? Sie bekamen durch die Erklärung der Ergebnisse aus den Entwicklungsuntersuchungen den Eindruck, dass die Ärztin meine Probleme gut analysiert hat. Sie vertrauten ihren Ideen, mir zu helfen. Meine Eltern haben sich in dem ADS-Elterntraining schlau gemacht. Es gab jetzt keine Vorwürfe mehr, weil sie mich mit meinen Sorgen verstanden und wir trainierten zuhause Strategien. Bei meinem sehr ausgeprägten ADS wurde eine Medikation notwendig. Und dies war gut: ich konnte besser und länger aufpassen, bekam mehr mit und lernte zunehmend Tipps auch von der Therapeutin umzusetzen! Das war ein hartes Stück Arbeit für mich und meine Eltern. Es hat viel Energie gekostet, aber es hat sich gelohnt!

Es ging Schritt für Schritt vorwärts. Ich konnte auf meiner Grundschule bleiben und meine Schulleistungen wurden kontinuierlich besser. Es gab zwar immer mal wieder Tiefschläge, die ich aber Dank der Unterstützung gut zu verkraften lernte. Jetzt weiß ich, mit Niederlagen gut umzugehen.

Ich bin zunächst auf die Realschule gewechselt und habe dort einen tollen Abschluss der 10. Klasse geschafft. Ich wusste jetzt, ich kann lernen und etwas erreichen! Ich wollte mehr. Jetzt auch Abitur. Das war nochmals eine riesige Herausforderung. Ich habe die Fachoberschule besucht und den Abschluss geschafft. Da ich seit dem 15. Lebensjahr Lehrerin werden wollte, fiel mir der Schritt zum Pädagogikstudium nicht schwer. Auch heute noch benutze ich die Pläne, Checklisten und Notizen, um mich vorzubereiten. Ich bin meinen Eltern unendlich dankbar, dass sie an mich geglaubt haben, Lösungen gesucht haben und auch gegen Widerstände von vielen Leuten sich nicht verunsichern ließen.

Ich möchte jetzt vielen Kindern helfen, dass sie den Spaß am Lernen behalten und keine so schrecklichen Schulerfahrungen machen müssen wie ich zu Anfang.

>> **Sophie**

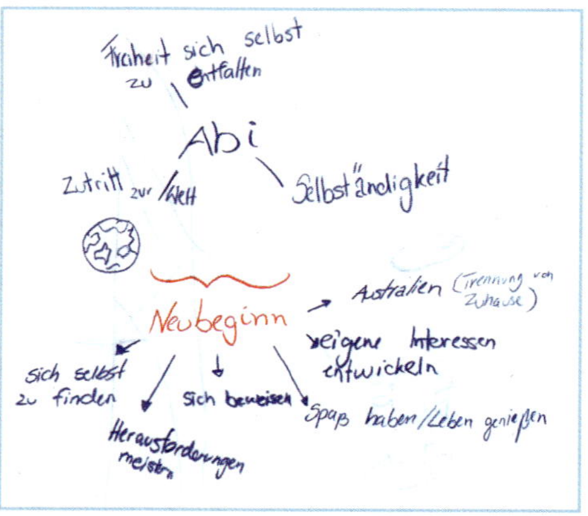

Sophie hat jetzt nach ihrem Abi grosse Pläne. Sie sprudelt vor Begeisterung und zieht Bilanz: „Das Abi ist der Beweis, dass ich selbstständig bin, lernen kann und mir damit den Zutritt zur Welt verschafft habe. Jetzt freue ich mich auf einen Neubeginn und möchte zunächst nach Australien. Ich möchte meine eigenen Interessen weiterentwickeln, Herausforderungen meistern, mich beweisen und Spaß am Leben haben."

Sophie ist zu Recht super stolz auf ihren Schulabschluss. Vor 10 Jahren, als sie ihre liebe Not in der Grundschule hatte, hat eigentlich kaum jemand daran geglaubt, dass Sophie so selbstbewusst für sich Ziele definieren kann und sie auch erreicht.

>> Oliver

Bei Oliver wurde zwar in der 2. Klasse eine ausgeprägte Lese-Rechtschreib-Störung (LRS) festgestellt, aber erst in der 6. Klasse die Diagnose ADS mit Hyperaktivität. Er musste schon viele Frustrationen und zwei Schulwechsel ertragen. Er durfte auch nicht mit an die Nordsee auf Klassenfahrt fahren, weil seine damalige Lehrerin dies zu gefährlich fand. Sie bemängelte, dass er sich an keine Regeln hält, Streitigkeiten beginnt, andere Mitschüler beschimpft und sowieso keine Freundschaften schließen möchte. Er reagierte sehr impulsiv, war schnell motzig und kommentierte alles nur mit „Mir doch egal!". Er lehnte jede Aufgabe ab, die mit Lesen und Schreiben zu tun hatte. Trotz Förderung und LRS-Therapie hat er sehr wenig Fortschritte beim Erlernen des Lesens und Schreibens gemacht. Er hat natürlich auch aufgrund seiner ADS-Problematik und seiner hohen Impulsivität jede Anstrengung vermieden und Hilfestellung boykottiert.

Rechtschreibtest DRT: Er kann nur 2 Wörter richtig schreiben

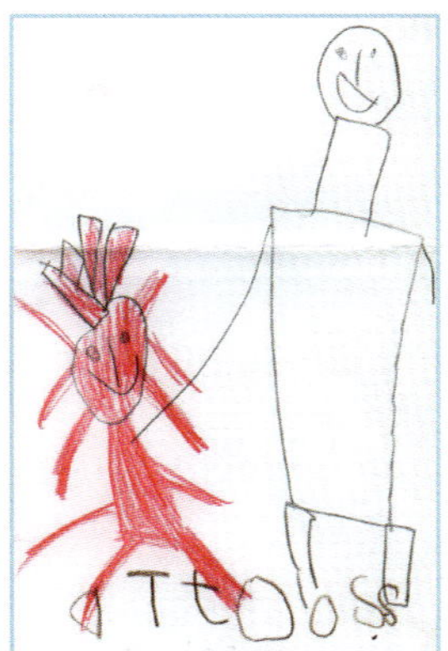

Selbstbildnis: Ich bin die Wut in Person und nerve alle

Erst durch eine intensive Therapie kann Oliver mittlerweile lesen und schreiben. Er geht seinen Weg und hat viele Hürden überwunden. Er hat nach einem nochmaligen Schulwechsel einen guten Neustart geschafft und sogar richtigen Ehrgeiz entwickelt.

„Die Wut hat früher alles in meinem Leben bestimmt. Jetzt kann ich durch die Therapie meine Emotionen steuern. Ich muss nicht immer sofort reagieren und ich kann mich vor allem gut konzentrieren. Es hat immer besser geklappt. Lob von Lehrern war dann für mich der Motor für weitere Anstrengungen."

Oliver hat nach seinem Realschulabschluss die Lehre als Mechatroniker engagiert begonnen. In seiner Freizeit ist er in seinem Element, wenn er etwas reparieren darf, dem Nachbarn in der Landwirtschaft hilft oder reitet. Das Reiten hat er sich selbst beigebracht. Er ist super zufrieden und stolz, seinen Weg gefunden zu haben. Ausbilder und Eltern sind begeistert, weil er sehr gerne seinen Beruf ausübt, sogar liest und zum Schreiben den PC benutzt. Er ist beliebt und vermittelt „Ich mag mich mit meinen Besonderheiten und bin glücklich!".

>> Max

Max kann und macht etwas Besonderes: Er spielt Einradhockey und gewinnt mit der Mannschaft internationale Turniere. Dieser Sport ist sein Hobby. Frühere Versuche, im Fußballverein zurechtzukommen, haben nicht besonders gut geklappt. Jetzt ist er so begeistert, dass er täglich trainiert. Dieses Hobby hat viel dazu beigetragen, dass er seine Power nicht nur für die Verbesserung seiner sportlichen Fertigkeiten nutzt, sondern er hat noch eine ganze Menge anderer Dinge gelernt: Er kann sich organisieren, seine Zeit zum Lernen besser einteilen, Frustrationen bewältigen und sich weitere ehrgeizige Ziele setzen.

Max spielt und trainiert für sein Hobby: Einradhockey

„Ich fühle mich jetzt pudelwohl! Ich kann mich wirklich in der Mannschaft einbringen. Obwohl ich der Jüngste bin, akzeptieren mich alle und ich werde vom Trainer ernst genommen. Auch reagiere ich nicht mehr so gereizt wie früher, wenn mich jemand kritisiert. Ich kann zuhören, Dinge ausprobieren, auch wenn sie nicht sofort klappen.

Natürlich habe ich nicht nur im Sport vieles gelernt, sondern es war ein harter Weg. Ich musste viele Dinge lernen. Ich habe jetzt die Oberstufe gut geschafft und auch mit meinem Abi bin ich richtig zufrieden. Früher gab es immer Zweifel, aber jetzt weiss ich, was ich kann und bin stolz auf mich."

Arbeitsverhalten:
Du kannst deinen Lernprozess sehr gut organisieren. Du zeigst in vielen Fächern Interesse und bewältigst umfangreiche Aufgabenstellungen bei hohem Arbeitsaufwand und auftretenden Schwierigkeiten. Du kannst dir selber Lernziele stecken und hältst sorgfältig Termine ein. In Diskussionen argumentierst du sachbezogen, du kannst anderen im Unterricht gut zuhören und ihnen gegenüber deine Meinung vertreten. Du hast Interesse an Unbekanntem und hast gezeigt, dass du dir selbstständig Informationen besorgen und auswerten kannst. Die Präsentationen deiner Arbeitsergebnisse führst du auf hohem Niveau und sehr anschaulich durch.
Du bist sehr aufmerksam, findest Fehler und korrigierst sie.

Sozialverhalten:
Du kannst Konflikte mit anderen angemessen austragen und Verantwortung übernehmen.
Du kannst – z.B. in einer Prüfung – der Situation angemessen auftreten. Im Unterricht bietest du anderen Hilfen an und bist geduldig beim Erklären. Du nimmst auch selbst Hilfen oder Verbesserungsvorschläge an. Offenheit und Toleranz gegenüber anderen sind dir sehr wichtig.

Tolle Beurteilung von meinen Lehrern

Natürlich bekommen auch meine Eltern ein riesiges Lob. Ohne sie und ihre Unterstützung hätte ich es nicht geschafft! Ich war früher wirklich schwierig, weil ich völlig stur war, alles besser wusste und immer nur nach dem Motto gelernt habe „Hauptsache schnell fertig", egal ob richtig oder falsch. Ich war dann erleichtert, als wir alle eine Erklärung für meine großen Probleme bekommen haben und Hilfen für mein ADS. Ich konnte mich auf meine Eltern verlassen. Sie waren sehr konsequent und haben mir geholfen, wirklich Strategien anzuwenden. Ich habe jetzt ein super gutes Verhältnis zu ihnen. Wir können über vieles miteinander reden und wissen, dass wir bei Problemen Lösungen finden.

Jetzt gehe ich zunächst für ein Jahr ins Ausland. Ich werde im Rahmen des FSJ in Nicaragua benachteiligten Kinder helfen. Ich habe mich schon früher in unserer Gemeinde in ähnlichen Projekten engagiert und kann super mit Kindern umgehen.

Ich bin ganz gespannt, wie es mir dort gefällt. Danach mache ich mir Gedanken, in welche Richtung ich mich weiter ausbilden möchte oder was ich studieren will.

Neugierig auf die Zukunft

Ziele erreicht: zufrieden, glücklich, selbstbewusst!

1.3. Wer braucht zunächst Hilfen?

Eltern

Eltern von ADS-Kindern haben es besonders schwer. ADS-Kinder sind aufgrund ihrer Auffälligkeiten in den Aufmerksamkeitsfunktionen und ihrer mangelnden Impulssteuerung sehr anstrengend. Sie fordern sehr viel Energie und brauchen oft umfassende Unterstützung beim Lernen, da nicht wenige neben ihren ADS-typischen Symptomen zusätzlich noch Entwicklungs- und Lernprobleme aufweisen. Kontakte zu anderen Kindern und die Freizeitgestaltung müssen Eltern auch oft coachen, weil die emotional-sozialen Kompetenzen ihres Kindes noch zu wünschen übrig lassen. Eltern von ADS-Kindern sind an manchen Tagen mit den Nerven völlig fertig und fühlen sich ausgelaugt.
Es gibt unzählige Tipps von Freunden, Nachbarn und Verwandten, wie Eltern ihre Rolle besser meistern könnten. Jeder scheint „mit erziehen" zu wollen. Aber viele gut gemeinten Tipps „funktionieren" bei ADS-Kindern nicht. ADS-Kinder boykottieren Vorschläge, sie kennen bei unbequemer Anforderung nur ein „kategorisches Nein", sie lernen nicht aus Einsicht und sind extrem eigensinnig.

Was erleben Eltern, bevor sie gut über die Besonderheiten von ADS Bescheid wissen?

- Ihr Kind ist seit vielen Jahren anstrengend, lernt schwer Regeln, hört nicht zu, tobt bei Nichtigkeiten...
- Ständigen Streit in der Familie, oft kein gutes Miteinander.
- Viele Unsicherheiten, Unverständnis und wenig Unterstützung; manchmal soziale Isolation der ganzen Familie.
- Vorwürfe wegen mangelnder Erziehungskompetenz, Auseinandersetzung wegen der „richtigen" Erziehung und manchmal Trennung der Eltern.
- Zukunftssorgen...

>> **Mutter von Jan, 7 Jahre:**
Eine Zeit lang war ich sehr inkonsequent. Ich konnte seine Ausraster nicht ertragen. Jetzt bin ich konsequent, aber es gibt einen stetigen Kampf. Er lässt sich durch Sanktionen nicht beeinflussen. Ich bin am Ende und kann die nervlichen Belastungen kaum noch ertragen und leide an häufigen Krankheiten. Ich habe Angst, dass ich Jan unbewusst dafür verantwortlich mache und ihm vermittle: Wegen dir habe ich Stress!

Ich habe ihn unendlich lieb und möchte an manchen Tagen die Uhr zurückdrehen können und einige Schimpftiraden und Vorwürfe löschen!

>> **Mutter von Frederike, 13 Jahre:**
Auf meine Nachfrage zur weiteren Unterstützung höre ich von meinem Arzt nur: „Geben Sie ihm einfach ein Medikament. Alles andere hat keinen Sinn." Mit so einer Beurteilung kann ich mich doch nicht zufrieden geben! Es muss doch Möglichkeiten geben, Frederike umfassender zu unterstützen?

Wie geht es Ihnen? Finden Sie sich im Dschungel der vielen Informationen gut zurecht? Haben Sie einen guten Überblick, wenn Sie im Internet suchen und über 840.000 Einträge bei den Stichworten ADS/ADHS finden? Helfen die gut gemeinten Ratschläge von Freunden und Bekannten? Oder sind Sie auch an Ihrer Grenze und brauchen Unterstützung wie die Eltern von Jan und Frederike?

Ein systematisches ADS-Elterntraining hilft am schnellsten und bietet Ihnen konkrete Hilfen für jeden Tag. Sie wissen dann nicht nur über die Besonderheiten bei ADS gut Bescheid, sondern erfahren die Grundprinzipien mit praktischen Beispielen zur effizienten Unterstützung Ihres Kindes. Sie können dann gezielt Kompensationsstrategien trainieren und Ihr Kind bei der Bewältigung von Anforderungen stärken. Resignation und Hilflosigkeit werden ersetzt durch überlegtes Handeln. Sie erfahren, dass Probleme gelöst werden können und sich Stress reduziert.

So haben die Eltern von Cosima, Sophie, Oliver und Max auch angefangen. Sie sind jetzt zufrieden und sind stolz auf die tollen Erfolge ihrer Kinder.

Sicherlich nutzen Sie schon viele Tipps aus den ersten beiden Heften der Broschürenreihe „ADS: Die TopTipps für Eltern". In diesem TopTipp-Heft möchte ich Sie noch intensiver in die Gedankengänge des Therapiemanagements einführen, damit Sie gute Entscheidungen bezüglich der Therapie Ihres Kindes fällen können. Sie lernen Prinzipien der verschiedenen Therapiebausteine kennen und Bewertungskriterien, wie und welche Maßnahmen bei Ihrem Kind sinnvoll sein können. Sie als Eltern werden dann mit Ihrem Kinderarzt/Kinder- und Jugendpsychiater und Therapeutin zusammen konkrete Ziele definieren und notwendige Unterstützung mit gestalten. Ihr Arzt/Therapeut wird Ihnen Antworten auf folgende Fragen geben: Wie kann es seine ADS-Problematik am besten kompensieren? Wer kann dabei helfen? Braucht mein Kind Medikation?

Das Grundprinzip des ADS-Elterntrainings: Probleme minimieren, Ressourcen nutzen!

Kinder

ADS-Kinder sind zunächst beeinträchtigt und haben auf ihrem Entwicklungsweg viele Stolpersteine. Sie reagieren wenig diplomatisch und sind in ihrer emotionalen Reife meist weit unter dem Niveau ihrer Altersgruppe. Sie sind nicht fähig, ihre Aufmerksamkeit, ihre Interessen oder ihr Durchhaltevermögen so gut wie andere zu steuern. Auch sie ärgern sich über ihre heftigen Reaktionen und sind traurig, dass sie ihre Wut selbst nicht gut dirigieren können. Sie können es nur nicht immer gut formulieren und Gefühle verbalisieren. Sie brauchen frühzeitige Hilfen, sonst bauen sich nur weitere Problemberge auf. In den Gesprächen äußern Kinder ihre Wünsche. Ich habe Ihnen einmal die Hitliste der Wünsche und Beispiele zusammengestellt.

ADS-Kinder und ihre Wünsche

Hitliste der Wünsche

- weniger Hausaufgaben/Hausaufgabenroboter
- mehr Zeit zum Spielen
- weniger Ärger/ Wut wegzaubern
- Freunde
- gut sein und Lob bekommen

Lennard wünscht sich weniger Geschrei

>> **Lennard** *ist schnell reizbar, er explodiert ohne viel Anlass. Abends ist er traurig, weil es wieder nachmittags Theater gegeben hat. Er hat seine Mutter beschimpft und er ist wieder Schuld, dass der Familienfrieden gestört ist. Lennard wünscht sich genau so wie seine Eltern, dass es weniger Geschrei gibt und sie schöne Zeiten miteinander haben. Nur wie soll er dies schaffen? Er möchte seine Wut wegzaubern können.*

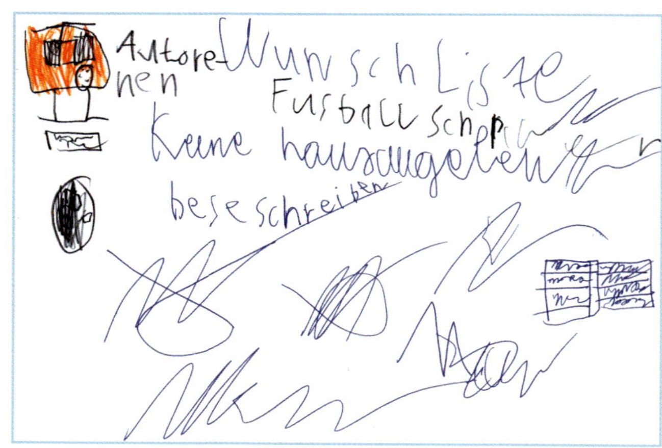

Philipp wünscht sich: Hausaufgaben werden ersetzt durch Fußball spielen

\>> **Philipp** *ist ein super Fußballspieler. Das macht Spaß, und Lob bekommt er auch, weil er sich immer einsetzt und viele Tore schießt. Ganz anders ist sein Einsatz beim Lernen. Hausaufgaben und Schreiben möchte er abschaffen. Diese unbequemen Jobs rauben ihm den ganzen Spaß und kosten viel Zeit. Philipp möchte Lesen und Schreiben lernen, nur soll es sofort gut klappen. Er braucht eine Therapie, damit er mit besserer Konzentration und Ausdauer Lerneinheiten besser nutzen kann. Er hat dann natürlich auch nachmittags wieder mehr Zeit, Fußball zu spielen.*

Luana möchte nicht ständig ermahnt werden …

>> **Luana** *möchte nicht, dass die Lehrerin ständig schreit: „Luana, aufpassen!" Die Klasse sollte leiser sein und sie möchte nicht den ganzen Nachmittag Hausaufgaben machen, zur Nachhilfe gehen und abends noch üben müssen. Sie möchte mehr Zeit zum Spielen, für Freunde und Pausen haben. „Ich möchte mich nicht ärgern, wenn ich wieder eine schlechte Note geschrieben habe. Ich möchte auch in Mathe einmal eine 1 schreiben." Ein Punkt ist ihr ganz wichtig: Ihre Eltern sollen genauso bleiben wie sie sind. „Sie sind genau richtig für mich!"*

2 ADS: Besonderheiten kennen und gezielt handeln!

Hier erfahren Sie:

>> ADS und seine verschiedenen Facetten

>> Ziele: Spaß und Erfolg haben

>> Therapie heißt: Lösungen finden für Schwierigkeiten

>> Wie stark regiert die ADS-Problematik den Tag?

>> Wer hilft in der Einschätzung?
Wie sieht die Bilanz bei Ihrem Kind aus?

Das Problem ist nicht die Persönlichkeit Ihres Kindes, sondern das Handicap ADS!

2.1. ADS und seine verschiedenen Facetten

ADS ist eine neurobiologische Störung mit Besonderheiten in der Info-Verarbeitung, die oft gravierende Auswirkungen auf Verhalten, Emotionen und Entwicklung hat.

Man versteht ADS-Kinder mit ihren Problemen erst, wenn man sich klarmacht, welche Folgen dieses Handikap hat. Man wird den Kindern nicht gerecht, wenn man ausschließlich die ADS-Problematik als ein Verhaltensproblem sieht. Dann kommt man auf die Idee, dass Appelle und gute Ratschläge helfen. Wie Sie wissen, kann das nicht klappen. ADS-Kinder brauchen effiziente Hilfen, damit die Aufmerksamkeitsfunktionen und die Impulssteuerung so gut sind, dass sie ihre Fähigkeit in allen Bereichen nutzen können.

Missverständnisse beim Umgang mit ADS-Kindern

- Impulsivität wird nicht als Störung verstanden, sondern nur als bewusste Provokation erlebt.
- Eltern erwarten Eigenverantwortlichkeit ihres Kindes für sein Handeln und Überblick von Anfang an.
- Es werden viele Predigten gehalten, moralisiert und ständig an die Einsicht appelliert.
- Die Einstellung: Konzentration, Lernerfolge und Motivation sind nur eine Sache des Wollens.

Hilfreiche Einstellung im Umgang mit ADS-Kindern

- Mein Kind hat ein Handicap in der Regulierung von Aufmerksamkeitsfunktionen.
- Mein Kind kann seine Emotionen noch nicht ausreichend gut steuern, wir müssen ihm dabei helfen.
- Konzentration, Lernerfolge und Motivation hängen miteinander zusammen. Sie sind das Ziel der Therapie und können nicht als selbstverständlich vorausgesetzt werden.
- Jedes Kind möchte Anforderungen meistern können und Anerkennung bekommen, natürlich auch mein ADS-Kind. Es wünscht sich auch weniger Stress und mehr Harmonie.

Sie haben schon in dem Band TopTipp1 gelernt, dass die Ursache für die ADS-Problematik in den Besonderheiten der neurobiologischen Bedingungen und der damit verknüpften Schwierigkeiten einer gezielten und systematischen Wahrnehmungsverarbeitung liegt. Da es verschiedene Ausprägungsgrade und Formen von ADS gibt, haben wir es mit vielen Facetten und Problemkonstellationen zu tun. **Aber bei allen ADS-Kindern sehen wir Schwierigkeiten in der Gedankenorganisation, der Fokussierung auf wichtige Informationen und der Steuerung von Emotionen.** Ansonsten hätten wir nicht die Diagnose ADS gestellt. Wie Sie wissen, können wir durch neuropsychologische Testungen und Untersuchung die Stärken und Schwächen Ihres Kindes gut analysieren.

Nach der Erstellung des individuellen Entwicklungsprofils und der Analyse des Ausmaßes der Beeinträchtigungen in Konzentration, Arbeitsstil, emotionaler Regulation und im Verhalten werden Hilfen und therapeutische Maßnahmen überlegt.

ADS-Kinder mit Hyperaktivität fallen natürlich durch ihre Bewegungsunruhe sehr viel schneller und früher auf als Kinder, die zwar eine ADS-Problematik haben, aber eher verträumt sind. Auch sie bekommen viele wichtige Informationen nicht ausreichend gut mit und haben durch ihre erhebliche Ablenkbarkeit genauso viele Probleme einem Gedanken konsequent zu folgen oder eine Aufgabe strategisch zu lösen wie zappelige Kinder. ADS-Kinder ohne Überaktivität sind zwar sehr angepasst und im Klassenverband in ihrem Verhalten nicht schwierig, aber sie brauchen genauso viel Hilfestellung wie die unbequemen, störenden, hyperaktiven ADS-Kinder; und das möglichst frühzeitig. Es besteht sonst die Gefahr, dass sich weitere Probleme auftürmen und sich Versagensängste etc. verfestigen.

2.2. Ziele: Spaß und Erfolg haben

Was muss Ihr Kind können und erleben, damit es wie Cosima, Sophie, Oliver und Max Spaß und Erfolg hat? Die Idee, einfach nur Anforderungen herunter zu schrauben oder gar keine unbequemen Aufgaben mehr zu verlangen, macht nicht glücklich. Wir wissen, dass es für ein gutes Lebensgefühl, für Glück und Zufriedenheit wichtig ist, Herausforderungen zu meistern. Natürlich brauchen Partner, Freunde und Hobbies genügend Platz und Raum im Leben, um viele Glücksmomente zu haben. Mit schönen Erfahrungen wächst die Motivation weiter, Anstrengendes zu bewältigen und stolz auf sich zu sein.

Lebensqualität - alles hat zwei Seiten

Sie sehen in dieser einfachen Grafik die Bedingungen für eine gute Lebensqualität und Sich-wohl-Fühlen aufgelistet:

- Notwendige Anforderungen ohne viel Stress gut meistern - Unbequemes erledigen

  Kinder haben in jedem Lebensalter Herausforderungen und anstrengende Aufgaben. Sie haben Spaß daran, Neues zu lernen, stecken Misserfolge weg und probieren es immer wieder. Erinnern Sie sich, wie Ihr Kind laufen gelernt hat? Oder wie es Wörter zunächst stockend, dann immer flüssiger gesprochen hat? Wenn Ihr Kind jetzt keinen Spaß am Lernen hat, kann dies mit vielen Frustrationen und wenig Fortschritten zu tun haben. Natürlich braucht man beim Schreibenlernen noch mehr Konzentration und Ausdauer sowie gut funktionierende Wahrnehmungsfunktionen, damit das Üben erfolgreich ist. Ihr Kind wird Strategien und Hilfen brauchen, dass Anstrengung belohnt wird und es altersentsprechende Aufgaben lösen kann. Unbequeme Jobs machen dann zwar auch nicht wirklich Spaß, aber man hat Fertigkeiten, Notwendiges gut und schnell zu Ende zu bringen. Man gewinnt Zeit und erweitert Möglichkeiten für nette Erlebnisse.

- Tolle Dinge tun

  Jeder möchte Spaß haben, mit Freunden spielen, sich treffen beim Sport oder in Hobbies aufgehen. Wie sieht die Bilanz bei Ihrem Kind aus? Hat es Freude an Freizeitaktivitäten? Oder gab es soviel Frust, dass jetzt nur noch der PC und die Spielkonsole die Spielgefährten sind? Muss sich etwas ändern, damit Ihr Kind mehr Gelegenheit hat, soziale Kontakte auszuprobieren und Spaß mit Ihnen und anderen Kindern hat?

Therapie bedeutet, die Lebensqualität Ihres Kindes zu verbessern.

2.3. Therapie heißt: Lösungen finden für Schwierigkeiten

Das Problem ist nicht die Persönlichkeit Ihres Kindes

Bei ADS-Kindern gibt es nicht nur das Problemfeld „Schule und Lernen", sondern die Lebensqualität wird beeinträchtigt, weil viele alltägliche Abläufe nicht gut bewältigt werden und oft auch Kontakte schwierig sind. Mit Schuldzuweisungen, Moralpredigten oder einfach Abwarten werden die Probleme nicht weniger. Therapeutische Hilfen und vor allem die Unterstützung durch Sie als Eltern sind die Basis, damit Ihr Kind Schwierigkeiten meistert und an sich und seine Stärken glaubt.

Machen Sie sich noch einmal klar, dass Ihr Kind keinen „schlechten Charakter", sondern Probleme hat, Situationen gut einzuschätzen und vorausschauend, angemessen zu reagieren. Das Miteinander ist erschwert, wenn noch ein zu impulsiver, oberflächlicher Wahrnehmungsstil und Nicht-zuhören-Können das Handeln regieren. Das Auf und Ab in der inneren Gefühlswelt ist nicht nur für Sie anstrengend, es beeinträchtigt auch Ihr Kind erheblich. ADS-Kinder erleben oft große Gefühlsschwankungen von „total begeistert" bis „zu Tode betrübt". Sie können sich selbst, Emotionen anderer oder auch dezente Kommunikationssignale nicht wirklich gut wahrnehmen aufgrund ihrer ADS-Problematik. Sie brauchen hierbei zunächst Hilfen. In einem umfassenden Verhaltenstraining werden Aufmerksamkeitsfunktionen und emotionale Kompetenzen gestärkt.

Was ist eigentlich das Problem? Einstellungen, die es schwierig machen:

- **Das Problem ist mein Kind mit seinem schwierigen Charakter.**
- **Es ist hoffnungslos, mein Kind macht sowieso nicht, was es soll.**
- **Mein Kind ist nur zufrieden, wenn es alles bestimmen kann.**

Was ist eigentlich das Problem? Einstellungen, die hilfreich sind:

- **Das Problem ist nicht das Kind mit seinem individuellen Charakter, sondern Probleme machen ADS-spezifische Symptome.**
- **ADS-Betroffene haben Stärken und Handicaps.**
- **Handicaps können minimiert werden durch Kompensationsstrategien und gezielte Therapie.**

2.4. Wie stark regiert die ADS-Problematik den Tag?

Bei den Begriffen ADS, Aufmerksamkeit und Konzentration assoziiert man sofort Lernsituationen. Natürlich muss man sich in der Schule, bei den Hausaufgaben und bei der Vorbereitung auf Klassenarbeiten konzentrieren können, sonst gibt es Beschwerden. Konzentration ist aber auch in vielen anderen Situationen wichtig. Ein gemeinsames Spiel mit anderen Kindern kann auch schwierig werden, wenn ich vieles nicht mitbekomme oder es gibt Ärger im Fußballtraining, weil Anweisungen des Trainers ignoriert werden. Oder es gibt schon morgens zuhause viel Stress, weil das Anziehen auch nach mehrmaligem Rufen nicht passiert...

Analysieren Sie, in welchen Lebenssituationen die ADS-Problematik sich noch breit macht und was gut gelingt. Schauen Sie auf die Lebensbereiche:

- Schule und Lernen
- Freizeit, Sport und Freunde
- Familie, Kommunikation, Selbstwahrnehmung

Lebensbereich: Schule und Lernen

Wie werden Erklärungen der Lehrerin verstanden? Kann Ihr Kind Gelerntes abrufen und hat es Strategien, Aufgaben Schritt für Schritt ordentlich und zügig zu erledigen? Passen die Noten zu der Begabung Ihres Kindes? Wie oft kann ein Lehrer loben oder gibt es viele Einträge und Beschwerden? Wie beteiligt sich Ihr Kind im Unterricht? Wie gut ist die Konzentration bei den Hausaufgaben und beim Lernen?

Beispiele von Yvonne und Sebastian in Lernsituationen

Yvonne, 6 Jahre: Chaos im Deutschheft

>> **Yvonne** *hat Frust: schon nach wenigen Wochen in der 1. Klasse möchte sie nicht mehr in die Schule gehen. Es gibt jeden Tag Ärger. Sie schafft es nicht, Buchstaben in die vorgegebenen Linien zu schreiben. Sie hat schon große Probleme, überhaupt das richtige Heft zu finden. Im Ranzen, auf ihrem Tisch und in ihrem Kopf regiert das Chaos. Auch wenn ihre Mutter ihr nachmittags helfen möchte, kommt schnell die Wut und sie hat keine Lust, sich an den Tisch zu setzen, um Schreiben und Lesen zu üben. Bei Erklärung hört sie nicht zu und turnt nur herum.*

Sebastian 12 Jahre: Hilfe? Das alles?

>> **Sebastian** *jammert, weil er nie Zeit hat. Die Hausaufgaben und die Arbeitsblätter aus dem Unterricht, die er nachmittags nacharbeiten soll, sind jeden Tag ein riesiger Berg und rauben ihm seine Freizeit. Er hat eigentlich zu nichts mehr Lust und wirkt in allem sehr unmotiviert.*
Er braucht dringend bessere Möglichkeiten vom Unterricht mehr zu profitieren, seine Hausaufgaben und das Vokabeln Lernen zügig zu erledigen, um nicht ständig zu verzweifeln.

Lebensbereich: Freizeit, Sport und Freunde

Wie gut kann Ihr Kind Kompromisse im Spiel mit anderen finden? Will es immer Chef sein? Kann es Verabredungen organisieren? Mit wem und welches Spiel klappt am besten? Hat Ihr Kind genügend Freizeit, um auch Hobbies und Verabredungen wahrzunehmen oder ziehen sich die Hausaufgaben über den ganzen Nachmittag? Fühlt ihr Kind sich gut akzeptiert? Warum und mit wem gibt es Konflikte? Kann es dem Trainer zuhören und Übungen gut durchführen oder gibt es im Sport auch Probleme?

Kim: „Ich bin in der Pause immer allein, die anderen sind mir zu laut."

Lebensbereich: Familie, Kommunikation, Selbstwahrnehmung

Wie klappt es im Alltag beim Anziehen, Waschen, Aufräumen und gemeinsamen Essen? Wie schnell müssen Sie Geschwisterstreit schlichten? Was hat Ihr Kind schon durch den Smilie/Punkteplan gelernt? Haben Sie nette Zeiten miteinander oder ist vieles noch stressig? Beherrscht Ihr Kind Kommunikationsregeln? Kann es abwarten oder muss es pausenlos erzählen? Wie ist die Selbstwahrnehmung und das Selbstbewusstsein?

Sophie kann Hilfen nicht akzeptieren...

Jana: „Ich wünsche mir, dass mein Bruder ein Fisch wäre, dann könnte er nicht mehr soviel reden und nerven!"

2.5. Wer hilft in der Einschätzung? Wie sieht die Bilanz bei Ihrem Kind aus?

Check: Hausaufgaben- und Lernsituation

In der Regel sind dies die schwierigsten Anforderungen, die bewältigt werden müssen. Sie können als Eltern Ihre Beobachtungen kurz notieren und festhalten, mit wie viel Energie Unbequemes wie Hausaufgaben gestartet werden, wie lange Ihr Kind in einem Gedanken bleiben kann, wie gut es bei Erklärungen zuhört, wie gut es schon selbst Lösungsansätze bei komplexen Fragen findet und ob es Gelerntes gut abrufen kann.

Hausaufgaben – wie konzentriert erledigt Ihr Kind Lernaufgaben:

- Wie viele Erklärungen aus dem Unterricht fehlen und wie viel Unterrichtsstoff muss nochmals intensiv erarbeitet werden?
- Wie hoch ist das Arbeitstempo?
- Macht es viele Flüchtigkeitsfehler?
- Ist es gedanklich sprunghaft und muss immer etwas anderes erzählen?
- Kann es Ihren Erklärungen gut zuhören?
- Wie schnell ablenkbar ist Ihr Kind?
- Kann Ihr Kind an den Aufgaben dranbleiben oder muss es ständig aufstehen, etwas anderes machen oder diskutieren?
- Werden Hausaufgaben in einer angemessenen Zeit von ca. einer Stunde erledigt oder ziehen sich die Übungszeiten über den ganzen Nachmittag?

Hilfreiche Tipps für das Coaching bei Hausaufgaben finden Sie im Heft TopTipp 2 „Coaching bei Hausaufgaben – der Weg zum selbstständigen Lernen“.

Wie stark ist das Familienleben darüber hinaus noch beeinträchtigt? Analysieren Sie, welche Situationen gut klappen und welche Sorgen Sie sich noch machen.

Gehen Sie Ihre Notizen aus dem „Positiv-Tagebuch" (Kapitel 4.1. aus dem Heft TopTipp1) durch. Wo können Sie Erfolgserlebnisse registrieren? In welchen Situationen ist der Stresspegel noch besonders hoch? Haben Sie schon für vieles den „goldenen Mittelweg" gefunden? Wann und wie oft erleben Sie mit Ihrem Kind gemeinsam schöne Zeiten?

Wie sieht Ihre Bilanz aus? Gibt es genügend schöne Augenblicke oder werden viele Lebensmomente noch durch die ADS-Problematik bestimmt? Kennt Ihr ADS-Kind seine Stärken und ist es stolz auf sich?

Check: Anforderung im Unterricht meistern

Um zu erfahren, wie gut Aufmerksamkeits- und Verhaltensteuerung im Unterricht klappen, brauchen Sie Infos von LehrerInnen. Sie brauchen die Einschätzung, wie gut Ihr Kind im Unterricht mitmacht, Arbeitsaufträge in Mathe, Deutsch und anderen Fächern bewältigt, wie angepasst die Wahrnehmungsverarbeitung ist und ob es sonstige Schwierigkeiten gibt. Streben Sie eine enge Kooperation mit LehrerInnen an. Es ist sehr hilfreich, wenn Sie bei Besonderheiten schnell benachrichtigt werden. Wenn Hausaufgaben nicht vollständig erledigt wurden, sollte nicht gewartet werden, bis dies 3mal passiert. Sie möchten direkt reagieren können und mit Ihrem Kind ein optimales Hausaufgaben-Management trainieren. Wie Sie wissen, lernen ADS-Kinder dieses nur über richtiges Tun und nicht durch Predigten und Ermahnungen, die nicht zeitnah erfolgen.

Wir benutzen seit vielen Jahren folgende Liste für die Rückmeldung von LehrerIn:

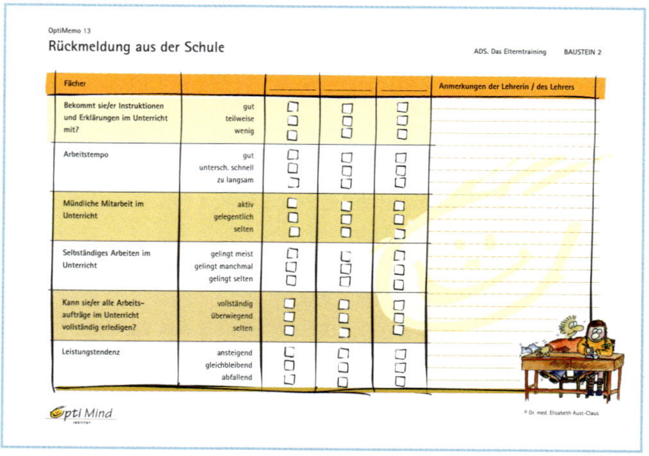

OptiMemo 13

Rückmeldung aus der Schule

ADS. Das Elterntraining BAUSTEIN 2

Fächer		____	____	____	Anmerkungen der Lehrerin / des Lehrers
Bekommt sie/er Instruktionen und Erklärungen im Unterricht mit?	gut teilweise wenig	☐ ☐ ☐	☐ ☐ ☐	☐ ☐ ☐	
Arbeitstempo	gut untersch. schnell zu langsam	☐ ☐ ☐	☐ ☐ ☐	☐ ☐ ☐	
Mündliche Mitarbeit im Unterricht	aktiv gelegentlich selten	☐ ☐ ☐	☐ ☐ ☐	☐ ☐ ☐	
Selbständiges Arbeiten im Unterricht	gelingt meist gelingt manchmal gelingt selten	☐ ☐ ☐	☐ ☐ ☐	☐ ☐ ☐	
Kann sie/er alle Arbeitsaufträge im Unterricht vollständig erledigen?	vollständig überwiegend selten	☐ ☐ ☐	☐ ☐ ☐	☐ ☐ ☐	
Leistungstendenz	ansteigend gleichbleibend abfallend	☐ ☐ ☐	☐ ☐ ☐	☐ ☐ ☐	

Opti Mind

© Dr. med. Elisabeth Aust-Claus

Diese Checkliste „Rückmeldung" können Sie kostenlos unter www.opti-mind.de/Checkliste/Pläne herunterladen und ausdrucken.

Check: Wichtige Therapieziele schon erreicht? Was ist schon klasse, was muss sich noch ändern?

Stellen Sie sich selbst diese Fragen und überlegen Sie zusammen mit Menschen, die Ihr Kind in Alltagssituationen kennen und begleiten. Hierzu eine kleine Checkliste, die Sie bei den Überlegungen unterstützen kann.

Check: Was klappt schon gut? Was muss sich noch ändern?

Ziele Mein Kind ...	**gut** klasse	**weniger gut** sollte besser sein	**schlecht** muss sich ändern
... hört bei Erklärungen und Anweisungen zu.			
... folgt Aufforderungen.			
... beachtet unsere Familienregeln.			
... kann abwarten und andere ausreden lassen.			
... verkraftet Kritik, ohne sofort wütend oder beleidigt zu sein.			
... schafft das Morgen-/ Abendprogramm zügig.			
... schafft im Unterricht alle Arbeitsaufträge zu erledigen.			
... notiert immer alle Hausaufgaben.			
... startet ohne Diskussionen/ Motzen die Hausaufgaben.			
... erledigt seine Lernaufgaben konzentriert und zügig.			
... hält Hefte, Mäppchen, Bücher ordentlich.			
... kann sich organisieren, vergisst und verliert wenig.			
... kann Ideen und Spielvorschläge anderer annehmen.			
... kommt mit anderen Kindern klar.			
... ist glücklich und zufrieden.			

Test

Können Sie schon ganz zufrieden sein und in der Bilanz überwiegend lachende Smilies finden? Was muss sich noch verändern? Besprechen Sie diese Aspekte mit Ihrem Arzt/Ihrer Ärztin oder Ihrem Therapeuten/Ihrer Therapeutin. Sie können therapeutische Ziele gemeinsam definieren und Wege zum Ziel planen. Lernen Sie die effizienten Therapiebausteine kennen und vernetzen Sie Hilfen - so früh wie möglich. Fördern Sie Erfolgserlebnisse und verhindern Sie Frustrationen.

Talente nutzen, Probleme minimieren

So oder so: Erfolg oder Frustration?

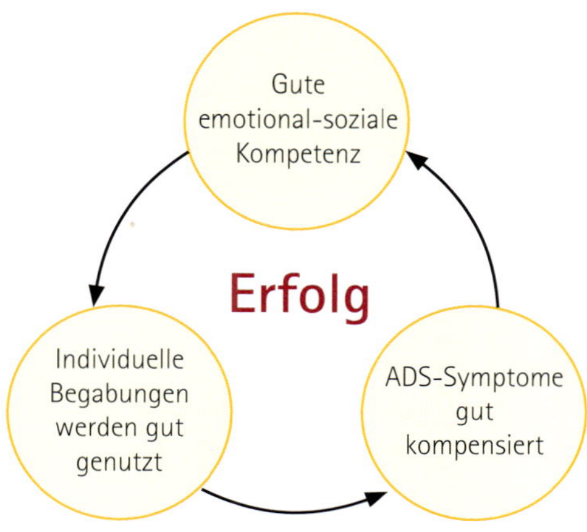

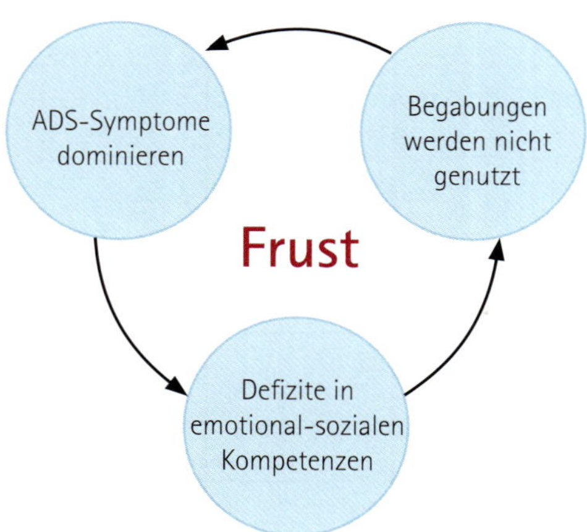

Hilfe für ein Gespräch mit Therapeuten:

Wenn ein Therapeut verspricht, dass die ADS-Problematik schnell weg gezaubert werden kann, stellen Sie sicherheitshalber folgende Fragen:

Ihre Fragen	Stichworte für Antworten
Was können Sie tun, damit die traurigen Smilies sich verändern und bei meinem Kind lachende eingetragen werden können?	
Welche Problematik meines Kindes soll in der Therapie als Erstes in Angriff genommen werden?	
Welche Ideen hat der Therapeut und welche Mittel setzt er ein?	
Wie ist der konkrete Ablauf der Therapiestunde und wie viele Stunden sind geplant?	
Was schlägt der Therapeut vor, wie Sie zu Hause dazu beitragen können, das Gelernte aus der Therapie im Alltag einzusetzen?	
Wie ist die Finanzierung der Therapie?	

Tipp!

Nach dem Gespräch überlegen Sie in Ruhe, ob der Therapeut die gleiche Zielsetzung hat, wie Sie es sich für Ihr Kind wünschen.

>> **Mutter von Lena:**

„Ich bin völlig überrascht, dass die Probleme beim Lernen besser werden könnten, wenn Lena in der Therapie an einem Gerät verschiedene Töne oder Ähnliches heraus hören muss. Ich kann nicht glauben, dass Lena dann wirklich ihre Hausaufgaben zügiger anfängt. Ich wünsche mir, dass in den nächsten Wochen das Üben für Klassenarbeiten ohne Motzerei und großes Kämpfen möglich wird und Lena systematischer Textaufgaben löst. Ich denke, dass sie zunächst lernen muss, Aufgabenstellungen vollständig durch zu lesen und nicht so darüber zu huschen. Kann die Therapie mit dem Gerät für „auditive Wahrnehmungsübungen" hierbei effizient helfen?"

THIRTY8

3 TopTipps für die Therapie bei ADS

Hier erfahren Sie:

>> Eltern coachen ihr Kind

>> Verhaltenstherapie, Ergotherapie, Lerntherapie – wie am besten?

>> Medikation bei ADS: warum? wie? wann?

>> Medikation planvoll und verantwortungsbewusst einsetzen

>> Was passiert, wenn ADS nicht ausreichend gut behandelt wird?

Therapie heißt: Lösungen finden für Schwierigkeiten!

3.1. Eltern coachen ihr Kind

Sie sind schon Experte geworden und wissen, dass die Erziehung und die Begleitung Ihres ADS-Kindes anstrengend sind und besondere Strategien verlangen. Sie werden immer kompetenter, Ihr Kind zu coachen. Durch das Training mit Motivationsanreizen und Hilfen für Entwicklungsfortschritte hat Ihr Kind sicherlich schon viele kleine Ziele erreicht.

Im Heft „TopTipp1: Erziehung und Förderung des Selbstbewusstseins Ihres Kindes" finden Sie eine kurze Zusammenfassung zum Thema „Bescheid wissen über ADS: der erste Schritt zum Erfolg" und die „Goldenen Prinzipen in der Erziehung eines ADS-Kindes".

Im Heft „TopTipp2 Coaching bei Hausaufgaben - der Weg zum selbstständigen Lernen" erfahren Sie effiziente Möglichkeiten, wie sich Ihr Kind besser organisiert und Lernen lernt. ADS-Kinder brauchen Lernstrategien und Training für systematische Arbeitsschritte, damit Sie Flüchtigkeitsfehler vermeiden und nicht zu schnell aufgeben, wenn Lösungen nicht in Sekundenschnelle möglich sind.

Erfolgsfaktoren sind eine gute Konzentration, systematische Handlungsplanung und emotionale Ausgeglichenheit.

Eltern sind die ersten und wichtigsten Bezugspersonen, die Talente fördern können und Probleme angehen. Lassen Sie sich durch Schwierigkeiten nicht entmutigen. Wenn viele Tipps nicht klappen, weil die Konzentration einfach zu schlecht ist oder weitere Lern- und Entwicklungsprobleme diagnostiziert sind, holen Sie sich Unterstützung durch Profis. Besprechen Sie mit Ihrem Arzt/Ihrer Ärztin, welche Therapeuten (VerhaltenstherapeutIn, ErgotherapeutIn, LerntherapeutIn) helfen können.

Belastungen und Einstellungen, die Eltern verzweifeln lassen

- Sie haben schon viele Jahre Stress, weil ihr Kind anstrengend und schwierig ist.
- Schuldzuweisungen an Eltern, unfähig zu sein, ihr Kind zu erziehen und eine stabile Bindung aufzubauen.
- Sie sind müde und resignieren, da bisherige Hilfen nicht effizient waren.
- Ihr Partner benutzt häufig den Satz „Lass ihn/sie doch..." und denkt, Probleme lösen sich, wenn man nur abwartet. Sie werden nicht gut unterstützt.

Hilfreiche Einstellung für Eltern eines ADS-Kindes

- Lenken Sie Ihren Blick auf Positives. Jedes kleine Lob hilft, gewünschtes Verhalten zu verfestigen und stärkt das Wissen „Ich kann etwas!"
- Statt zu grübeln und zu resignieren, handeln Sie und und setzen Strategien im Alltag ein.
- Sorgen Sie für nette Zeiten, wie Kuscheleinheiten abends und verzichten Sie auf Moralpredigten.
- Fördern Sie Kontakte zu anderen Kindern und Hobbies. Helfen Sie bei Konflikten, bis Ihr Kind selbst Freundschaften gut gestalten kann.
- Suchen Sie sich Unterstützung und delegieren Sie Aufgaben.

Selbstbewusstsein fördern und vermitteln: wir mögen dich!

Das ADS-Elterntraining - der wichtigste Baustein in der Therapie

Eltern gewinnen durch das Training

- ein umfassendes Konzept, um die Besonderheiten von ADS-Kindern zu verstehen.
- Sicherheit, das Richtige zu tun.
- Konkrete Tipps für die Bewältigung der Anforderungen im Alltag.
- Strukturierungshilfen für Ihren Alltag.
- Möglichkeiten, Erfolge wahrzunehmen und sich wieder zu motivieren für die nächsten Ziele.
- Möglichkeiten, die Stärken Ihres Kindes deutlicher wahrzunehmen als nur die Schwierigkeiten.
- eine Stärkung Ihrer Kompetenz als Eltern.
- mehr Zufriedenheit und Harmonie in der Familie.

Weitere Info zu den 4 Modulen des ADS-Elterntrainings finden Sie im Heft TopTipp 1. Adressen von ADS-Eltern-Coaches, die das Training durchführen unter: **www.opti-mind.de/Hilfe bei ADS**.

In den ersten drei Heften der Reihe „ADS.TopTipps für Eltern" habe ich viele Tipps aus unseren zahlreichen durchgeführten ADS-Elterntrainings zusammengefasst. Diese Hilfen setzen Sie sicherlich schon in Ihrem Alltag ein. Sie kennen bewährte Strategien aus dem Verhaltenstraining und fördern Ihr Kind beim Lernen.

Jetzt erhalten Sie zusätzlich Hilfestellung für folgende Fragen: Sind weitere Massnahmen nötig? Können wir mit der Kompensation der ADS-Problematik zufrieden sein oder muss sich noch vieles optimieren? Welche Therapeutin/Therapeut kann mein Kind durch ein Training effizient unterstützen? Was sind Inhalte einer Verhaltenstherapie? Was kann eine medikamentöse Therapie bewirken? Braucht mein Kind diese Unterstützung zusätzlich? Was muss ich darüber wissen?

Entwicklung gezielt fördern, aber wie?

Notwendige Hilfen, je früher, umso besser

Wer kann mithelfen? Erzieher, Lehrer, Therapeut, Arzt

Eine umfassende Therapie konzentriert sich nicht nur auf die Kernsymptome, sondern sollte alle Entwicklungsaspekte, auch die emotionalen Kompetenzen einbinden.

Viele ADS-Kinder haben leider nicht nur das Handicap ADS, sondern auch noch weitere Entwicklungsauffälligkeiten, die zunächst Schulerfolg schwierig machen können. Lese-Rechtschreibstörung, feinmotorische Koordinationsstörung oder andere Teileistungsstörungen bedeuten zusätzlich mehr Anstrengung, um Ergebnisse zu erzielen. In der Therapie werden effiziente Übungen kombiniert mit Instruktionstechniken, damit auch tägliche Lernübungen zu Hause Erfolg haben können. Gut ausgebildete Verhaltenstherapeuten, Ergotherapeuten und Lerntherapeuten kennen sich in der Komplexität der Problematik aus und verbinden mehrere Therapiebausteine miteinander.

Im Heft TopTipp 1 haben Sie die beiden Schemata für die Auffälligkeiten in der Info-Verarbeitung bei ADS mit und ohne Hyperaktivität kennengelernt. Hilfen und Therapieangebote sind effizient, wenn die Steuerungsfunktionen (Exekutive Funktionen) für die Aufmerksamkeit, Wahrnehmungsorganisation und das systematische Handeln verbessert werden. Sie stärken durch Ihr Coaching schon diese „Dirigentenfunktionen" und Ihr Kind wird durch eine Therapie weitere Prinzipien eintrainieren können.

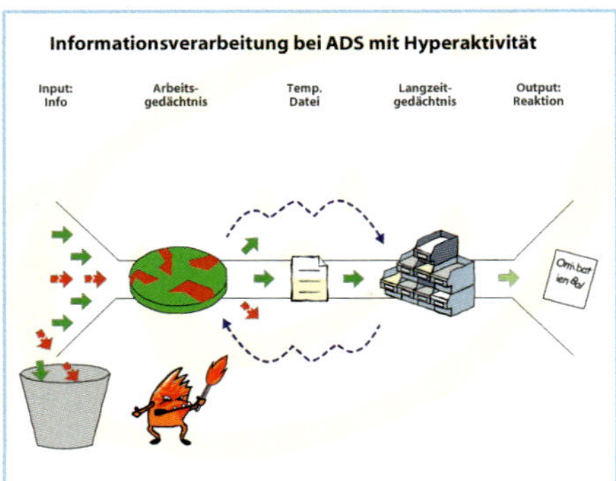

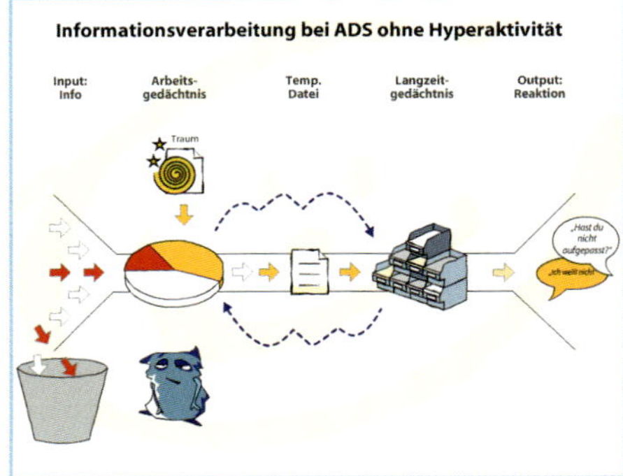

3.2. Verhaltenstherapie, Ergotherapie, Lerntherapie - wie am besten?

Die Basis des Erfolges ist zunächst eine gezielte Info-Aufnahme, damit die Weiterverarbeitung dieser Wahrnehmungsinhalte gelingen kann für Lernerfolge und adäquates Verhalten. Die sogenannten „Instruktionstechniken" sind sehr nützliche Werkzeuge, die je nach Alter und Entwicklungsproblematik in der Therapie verknüpft werden mit unterschiedlichen Wahrnehmungsangeboten. Instruktionstechniken unterstützen die exekutiven Funktionen, weil Ihr Kind dadurch lernt:

- Konzentration auf Wichtiges zu lenken,
- Aufgabenstellungen genau zu erfassen,
- Handlungen zu planen und Lösungsstrategien für Probleme zu entwickeln.

Weitere Ausführungen hierzu finden Sie im TopTipp-Heft 2 „Coaching bei Hausaufgaben - der Weg zum selbstständigen Lernen" in dem Kapitel 3.2. Konzentration auf Wichtiges.

Die in der ADS-Therapie erfahrene VerhaltenstherapeutIn, ErgotherapeutIn und LerntherapeutIn nutzt diese Möglichkeit, die Aufmerksamkeitsfunktionen und die Impusteuerung bei ADS-Kindern zu optimieren.

Die Prinzipien sind gleich. Die Übungseinheiten können variiert werden und dem Entwicklungsalter und der individuellen Problemkonstellation angepasst werden.

In einer Therapie für Ihr ADS-Kind sollten Strategien für die **3 Problembereiche** trainiert werden:

- Aufmerksamkeit, systematische Handlungsplanung
- Verhaltensmodifikation, Kommunikation, Emotion, Selbstbewusstsein
- Entwicklung, Schulleistung

Auf den nächsten Seiten finden Sie Aspekte und Inhalte der ADS-Therapie und Beispiele aus der Praxis.

Verhaltenstherapie - ADS-Training

Grundsätzlich bietet eine Verhaltenstherapie ein ganzes Spektrum von Hilfen zur Selbsthilfe an. Auch Kinder lernen in der Therapie, Situationen und Probleme anzuschauen und Lösungen auszuprobieren. Sie analysieren ihre Alltagssituationen und Gefühlswelten von sich und andern, um dann ihr Verhalten darauf gut abzustimmen. Natürlich werden je nach Alter verschiedenen spielerische Übungen hierzu angewandt.

ADS-Kinder erleben sich dann nicht mehr nur ihren Stimmungen ausgeliefert, sondern werden mehr und mehr Gestalter ihrer Reaktionen. Sie lernen wichtige Informationen gezielt und vollständig aufzunehmen, um situationsangepasster zu reagieren. Sie fühlen sich dann nicht mehr ihrer Impulsivität und Sprunghaftigkeit ausgeliefert. Sie erfahren, dass sie Kommunikation, Lernergebnisse und Gefühlsausbrüche selbst steuern können. Sie bauen dadurch ein positives Selbstbildnis auf und kennen Strategien für Problemsituationen.

Auf den weiteren Seiten erhalten Sie einen kurzen Einblick in Übungseinheiten des ADS-Trainings und Beispiele aus der Praxis.

Es hat sich bewährt, verschiedene Aspekte in die Therapie aufzunehmen. Wir greifen auf drei Therapiemodule zurück, die ich Ihnen kurz vorstellen möchte. Im ersten Modul werden Kommunikation, die Wahrnehmung von Emotionen und Möglichkeiten für stressfreies Verhalten geübt. Das zweiten Modul besteht aus einem Aufmerksamkeitstraining. Es werden Strategien für eine bessere Konzentration und für das systematische Arbeiten geübt, damit auch beim Lernen Erfolgserlebnisse mehr und mehr möglich sind. Im dritten Modul werden in Spielsituationen neben Konzentration auch soziale Kompetenzen trainiert.

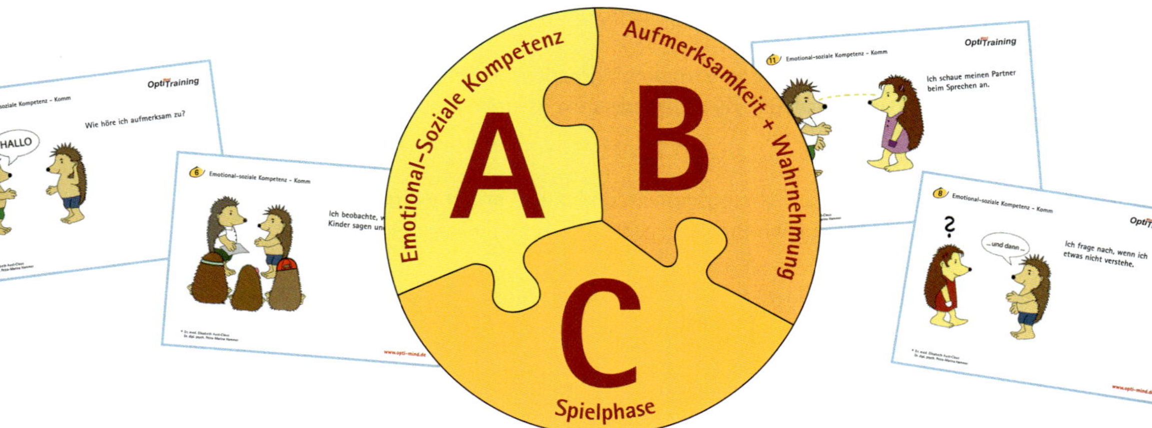

A. Modul: Training emotional-sozialer Kompetenzen

Die Kinder lernen Kommunikationsregeln, Zuhören, nonverbale Signale zu deuten und angemessen zu reagieren. Sie analysieren Schwächen und Stärken. Durch spielerische Übungen beantworten sie sich selbst Fragen und erfahren: Jeder hat Stärken. Manche können gut zeichnen, andere können klasse tanzen und schauspielern oder Basketball spielen. Wieder andere wissen alles über Tiere oder Autos. Was sind eigentlich meine Interessen? Was mag ich an mir? Auf was bin ich bei mir stolz?

Emotionen - was bedeuten sie und wie kann ich sie steuern? Im Training setzen die Kinder sich mit eigenen Gefühlen auseinander, lernen Gefühle bei anderen früh zu erkennen und modifizieren ihr Verhalten. Sie lernen Problem-Lösetechniken und stellen fest, dass man nicht immer sofort reagieren muss, sondern kurz überlegen kann, was man am besten tut. Es gibt darüber hinaus „Erste Hilfe-Tipps bei Ärger" und Ideen, wie man Ärger im Vorfeld verhindern kann. Besonders sehr impulsive ADS-Kinder freuen sich, wenn sie den Stopp bei Wutreaktionen frühzeitig hinbekommen und durch eigene Reaktionen aufgeladene Situation meistern. Sie werden selbst Chef über ihre Wut-Reaktionen.

Beispiel für Erste Hilfe-Tipps bei Ärger

Info!

- „Stopp" sagen
- Gegenhandlung ausführen
- rückwärts zählen
- darüber schlafen
- sich aus dem Staub machen

Training der Megaskills für den EQ - Emotionale Intelligenz:

Wichtig zu wissen!

- Motivation, Vertrauen in seine Fähigkeiten, Ausdauer
- Wahrnehmung von Emotionen - adäquate Reaktionen lernen
- Selbstbewusstsein

B. Aufmerksamkeits- und Wahrnehmungstraining

Genau zuhören, hinschauen und systematisch Aufgaben lösen sind Inhalte der Übungen mit konkreter Anleitung über Instruktionskarten.

Verstärken von wichtigen Infos und Minimieren vieler ablenkender Signale führt schneller zu richtigen Ergebnissen!

Im Kapitel 2.2 im TopTipp-Heft 2 „Coaching bei Hausaufgaben - der Weg zum selbstständigen Lernen" haben Sie erfahren, dass Lernen ein aktiver Prozess ist, der durch Strategien optimiert wird. Im Training werden die Grundprinzipien anhand von verschiedenen Aufgabenkonstellationen geübt. Natürlich reicht nicht nur die Therapiestunde zur Automatisierung, sondern die Lerntechniken sollten täglich angewandt werden. Helfen Sie anfangs in der Hausaufgabensituation dabei.

So haben Cosima, Sophie, Oliver und Max auch angefangen. Jetzt beherrschen sie die Tricks und können effizient lernen, ohne viel Zeit zu vertrödeln.

Auch ADS-Kinder können das Lernen lernen.

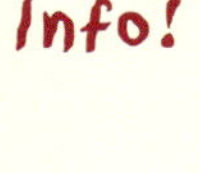

Kompetenzerwerb für effizientes Lernen

- **Lernorganisation**
- **Lernmotivation**
- **Selbstinstruktionstechniken**
- **Konzentration**

Das OptiMind-Trainingsprogramm haben wir für Kinder von 5-8 Jahren veröffentlicht. Es gibt eine Therapeuten- und eine Elternversion. Es werden in der Therapiestunde und zu Hause nach den gleichen Prinzipien Aufmerksamkeit und Wahrnehmung geübt. Infos finden Sie unter **www.opti-mind.de**.

C. Bewegungsspiele mit Regeln und Konzentration

In diesem Teil des Trainingsprogramms können durch Bewegung und Spiele Aufmerksamkeits- und Wahrnehmungsfunktionen, aber auch Regeln und der Umgang miteinander in einem anderen Kontext trainiert werden. Zuvor Geübtes automatisiert sich durch Wiederholung und macht Spaß!

Hilfen noch besser optimieren?

Das Ziel jeder Unterstützung soll dazu führen, dass Ihr ADS-Kind seine Potentiale nutzen lernt. Auch das Training mit einer TherapeutIn kann nur Fortschritte bringen, wenn Ihr Kind Hilfen annehmen kann und automatisiert.

>> **Andre** *machte nur 5 Minuten mit, dann stieg er aus. Jedes Angebot war dann zu viel. Er saß unter dem Tisch, diskutierte oder lief im Raum herum. Trotz Einzelbetreuung in der Verhaltenstherapie reagierte er oppositionell. Er baute auch hier immer mehr Frust auf. Er bekam nichts hin und merkte zunehmend den Unterschied zu den Gleichaltrigen. Erst durch zusätzliche Medikation haben intensive Verhaltenstherapie, Entwicklungsförderung und tägliche kleine Übung durch die Mutter Erfolg. Er braucht zwar noch enge Hilfestellung, aber er freut sich jetzt, dass ihm einige Übungsblätter schon gut gelingen und er Lob bekommt.*

>> **Laurin** *ermüdet beim Schreiben schon nach einigen Wörtern. Er träumt, schaut aus dem Fenster oder baut mit Stiften eine Spiellandschaft. Er muss ständig angesprochen werden, damit er zurück in die Aufgaben findet. Laurin hat ein ausgeprägtes ADS ohne Hyperaktivität und kann leider von den Hilfen der Therapeutin auch nicht viel profitieren. Zusätzliche Therapiestunden rauben ihm nur noch mehr seiner Spielzeit und sind eigentlich auch nicht effizient. Seine Aufmerksamkeitsspanne ist viel zu kurz. Er kann erst mit zusätzlicher medikamentöser Therapie besser zuhören und im Gedanken bleiben. Mit dieser Therapieintensivierung kann auch er Strategien beim Lernen ausprobieren und sich Gelerntes besser merken. So werden Erfolge möglich und er gewinnt wieder Vertrauen in sein Können.*

Ist die Konzentration ausreichend für die Therapiestunde?

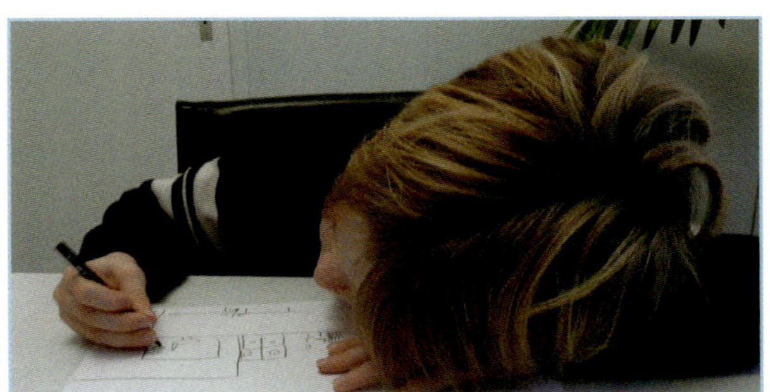

Es muss sich schnell etwas ändern, weil...

- in der Bilanz eine erhebliche ADS-Problematik besteht,
- weitere Frustrationen zu befürchten sind,
- Hilfen nicht ausreichend angenommen und umgesetzt werden können,
- das ADS-Kind emotionale Auffälligkeiten zeigt.

Wenn diese Punkte auch bei Ihrem Kind zutreffen, sich trotz intensiver Hilfen wenig Fortschritt zeigt, sollten Sie dies mit Ihrem Arzt/IhrerÄrztin diskutieren und über eine zusätzliche medikamentöse Therapie nachdenken.

3.3. Medikation bei ADS: warum? wie? wann?

ADS-Kinder mit und ohne Hyperaktivität werden nach den gleichen Prinzipien behandelt, weil bei allen Formen des ADS die Ursache der Probleme die Auffälligkeiten in der Info-Verarbeitung sind. Die Symptomatik kann sich zwar sehr unterschiedlich zeigen - deshalb auch die Differenzierung in verschiedene Formen von ADS - aber die Therapien setzen alle an der Basis der Störung an. Die Info-Verarbeitung muss optimiert werden. Dies gelingt am besten, wenn verschiedene Therapiebausteine ineinander greifen und sich ergänzen.

Bei einer sehr ausgeprägten ADS-Problematik werden bei der Behandlung zusätzlich Medikamente eingesetzt. Die Pharmako-Therapie kann Grundlage dafür sein, dass andere therapeutische Massnahmen, wie z.B. Verhaltens- oder Lerntherapie, überhaupt erst erfolgreich durchgeführt werden können, weil ADS-Kinder dann aufnahmefähiger sind und Hilfen umsetzen können.

Wichtig ist, dass die Behandlung individuell auf die Problematik Ihres Kindes zugeschnitten ist. Den Einsatz der verschiedenen Therapiebausteine und die individuellen Therapieziele besprechen Sie mit Ihrem Arzt/Ihrer Ärztin, der Sie und Ihr Kind begleitet und behandelt.

Info!

Viele ADS-Kinder mit einer ausgeprägten Symptomatik können oft erst mit Hilfe der Medikation erleben, wie es ist,

- nicht nur Chaos im Kopf zu haben,
- nicht immer auf dem Sprung sein zu müssen,
- nicht nur in emotionalen Extremen zu leben,
- nicht nur in ihrer Zerstreutheit unterzugehen,
- und nicht ständig wegen ihrer Impulsivität anzuecken,

sondern aufmerksam zu sein und mit Vorausschau reagieren zu können.

Aufmerksamkeit reguliert Wahrnehmung.

>> Tobias lernt schreiben

Tobias hatte nur Misserfolge und jeden Tag Frustrationen in der 1.Klasse ohne Medikation. Nichts hat geklappt.

Unter der zusätzlichen medikamentösen Therapie lernt Tobias alle Buchstaben. Er kann am Ende der 1. Klasse Wörter und Sätze ohne Probleme schreiben. Seine bessere Konzentration führt zu einer optimalen Wahrnehmungsverarbeitung und Umsetzungsprozesse können gelingen.

Bei Tobias sind alle Therapiebausteine nötig. Dank der Optimierung der Aufmerksamkeitsfunktionen schafft er es zunehmend, dem Unterricht zu folgen und selbst etwas zu schreiben und zu rechnen. Er ist natürlich weiterhin auf intensive Unterstützung in der Schule, zu Hause und durch eine Therapeutin angewiesen.

>> Nils bekommt jetzt Lob von der Lehrerin

Nils Lehrerin schreibt den Eltern: „Ich freue mich über Nils Entwicklung: In den letzten Wochen arbeitet er im Unterricht gut mit, ist bestrebt, Arbeitsaufträge zielgerichtet zu erledigen. Er geht offener auf seine Umwelt zu, verhält sich freundlich, nimmt vieles gelassener und kann auch mal über sich selbst lachen."

Vor der Therapie gab es fast täglich Beschwerden. Nils wurde oft beim Spiel ausgeschlossen und es gab immer Ärger.

Die bei ADS eingesetzten Medikamente regulieren die Dysbalance im Neurotransmitter-Stoffwechsel. Sie verbessern dadurch Aufmerksamkeitsfunktionen und die Info-Verarbeitung.

Ein kleiner Ausflug in die Welt der Wissenschaft:

Wie wirken eigentlich die Stimulanzien?

Info!

Man geht heute davon aus, dass ADS zu 70-80% auf genetische Faktoren zurückzuführen ist. Es gibt schon zahlreiche wissenschaftliche Erkenntnisse über die Besonderheiten von speziellen Genen, die für die Regulation der Signalübertragung in bestimmten Hirnbereichen - die dopaminerge und noradrenere Neurotransmission- eine Rolle spielen. Dazu zählen Gene für verschiedene Proteine, die den Kreislauf des Neurotransmitters Dopamin an der Kontaktstelle zwischen 2 Nervenzellen - der so genannten Synapse - beeinflussen: Dopamintransporter DAT entfernen den Botenstoff aus dem synaptischen Spalt, wodurch er sich nicht mehr an die Dopaminrezeptoren D1 und D2 der nachgeschalteten Zelle heften und den Nervenimpuls weiterleiten kann.

Bei ADS-Patienten fanden Forscher vor allem Abweichungen in den Genen für die Dopamin-Rezeptoren und den Dopamintransporter DAT. Dadurch wird bei ADS Dopamin zu schnell zurücktransportiert beziehungsweise das Dopaminsignal zu schwach über die Rezeptoren vermittelt.

Medikamente wie Methylphenidat können helfen, diese Dysfunktion auszugleichen.

3

Wirkmechanismus von Methylphenidat MPH:

Abb. a: Normale Transfusion an einer dopaminergen Synapse, zum Beispiel im Corpus striatum:
Das bei Erregung des präsynaptischen Neurons freigesetzte Dopamin kann postsynaptische Rezeptoren erregen, von denen 2 Klassen (D1 und D2) unterschieden werden. Die Beendigung der synaptischen Übertragung erfolgt durch rasche Rückaufnahme der Dopaminmoleküle mit Hilfe des selektiven Dopamintransporters (DAT).

Abb. b: Erhöhung der synaptischen Dopaminkonzentration durch MPH:
MPH blockiert den DAT, was zu einer Anreicherung des freigesetzten Dopamins im synaptischen Spalt führt. Dadurch kommt es zu einer starken und lang anhaltenden Stimulation der Dopaminrezeptoren.

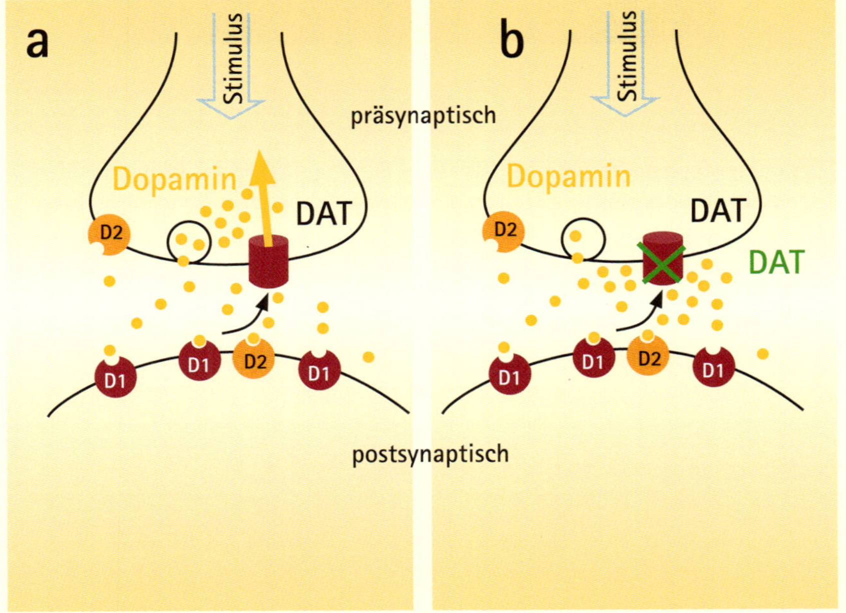

Info!

Diese neurobiologischen Besonderheiten bei ADS lassen sich sogar durch moderne bildgebende Verfahren wie PET und SPECT darstellen:
Stritäre Dopamintransporter im TC-99m-TRODAT-1-SPECT bei ADS.

A: erhöhte Dichte vor Therapiebeginn (hellere Anfärbung),

B: deutl. reduzierte Dichte der Dopamintransporter DAT unter Einnahme von MPH

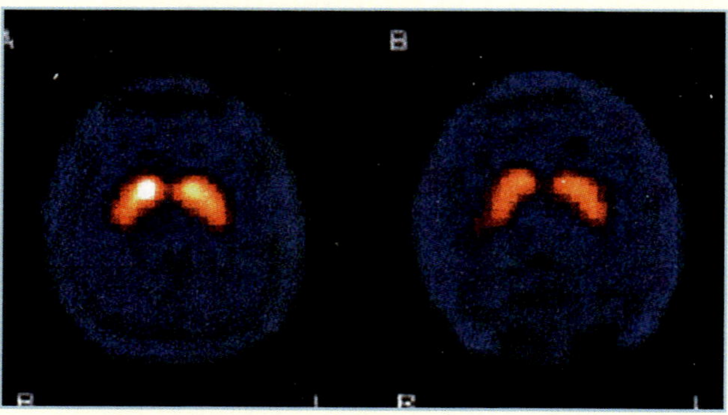

The Lancet, Vol. 354, 2132

Info!

Zusammenfassend besteht bei ADS eine Fehlregulation des Dopamin-Stoffwechsels im Vorderhirn, wodurch die neuronale Informationsverarbeitung beeinträchtigt ist. Die Medikation mit MPH führt zu einer Optimierung der neuronalen Dysbalance und kann deshalb ADS-Symptome minimieren.
Die Responderrate, also die erwünschte Medikamentenwirkung, beträgt bei MPH über 75%.

Es gibt seit Jahrzehnten weltweit enorm viele Studien zur Wirksamkeit von MPH.

Für Sie an dieser Stelle zwei Aussagen. Weitere Infos zu wissenschaftlichen Untersuchungen kann Ihnen Ihr behandelnder Arzt/Ihre Ärztin zur Verfügung stellen.

Durch eine Publikation von Biedermann,J., Petty,C.R., Evans,M. Small,J. & Faraone,S.V. (2010), die in der Zeitschrift „Pediatrics" veröffentlich worden ist, werden Fragen zur Langzeitprognose von ADS beantwortet. Diese Langzeitstudie wurde vor 10 Jahren begonnen. An die 100 Jungen mit ADS, die das Mittel im Alter zwischen 6 und 18 Jahren erhalten hatten, und drei Dutzend, die ohne MPH behandelt wurden, hat man jahrelang beobachtet, genauso wie 100 gesunde Kinder. Danach war klar: mit MPH behandelte Kinder litten 10 Jahre nach der Behandlung deutlich seltener an psychiatrischen Krankheiten und hatten später bessere Schulerfolge.

In einer neuen Studie von A. Bonci von der Ernest Gallo Clinic der University of California, San Francisco sind die Lernerfolge von Ratten getestet worden, die mit unterschiedlichen hemmenden und anregenden Wirkstoffen behandelt wurden. Wie sich bei den standardisierten Lernexperimenten herausstellte, wirkt MPH an den Nervenenden zweigleisig: es sorgt einerseits für höhere Konzentrationsfähigkeit, indem es sogenannte D2-Rezeptoren stimuliert und gleichzeitig die Erregbarkeit und damit das „Ablenkungsrauschen" von nicht am Lernvorgang beteiligten Nervenbahnen hemmt. Andererseits stimuliert es einen anderen Dopaminrezeptor D1, der die Erregbarkeit der am stärksten aktivierten Nervenverbindungen zwischen Hirnrinde und Amygdala erhöht und damit die Lernerfolge effizient steigert. Vor allem aber wird durch die Wirkung des Mittels die Zahl der Nervenverbindungen und der Synapsen zwischen den angeregten Hirnarealen unmittelbar und messbar erhöht. Bei Tieren, die mit einer Salzlösung statt mit MPH behandelt wurden, hat man solche Veränderungen auch bei noch so intensivem Lerntraining nicht entdeckt.

Info!

Behandlung mit Medikamenten:

Für die Behandlung des ADS sind in Deutschland verschiedene Medikamente zugelassen, die sich in den Wirkprofilen voneinander unterscheiden. Bei der Behandlung von ADS ist Methylphenidat MPH das Mittel der 1. Wahl. Methylphenidat ist seit mindestens sechs Jahrzehnten in unterschiedlichen Dosierungen und unter verschiedenen Markennamen bekannt. Dank neuerer Entwicklungen gibt es verschiedene Präparate, die zwar den gleichen Grundstoff Methylphenidat haben, sich aber in der Resorption, Wirkdauer und Wirkstärke über den Tag verteilt unterscheiden. Zum Glück sind wir nicht mehr ausschließlich auf den Einsatz der relativ kurz wirkenden Methylphenidat-Tablette angewiesen. Es gibt verschiedene Kapseln, die wegen ihrer unterschiedlichen Wirkzeiten und Wirkstärken helfen, jedes Kind unter Berücksichtigung seiner speziellen Probleme und seines Anforderungsprofils individuell einzustellen.

In Deutschland sind verschiedene Präparate mit dem Wirkstoff Methylphenidat zugelassen:

- als schnell freisetzende Form („immediate release"):
  Ritalin, Medikinet und deren Generika in Tablettenform

- als verzögert freisetzende Retard-Form („substained release"):
  Ritalin LA, Medikinet retard, Equasym retard in Kapselform

- als besonders lang wirksame Form
  Concerta in Kaspelform

Weitere Substanzen, die in Deutschland für die medikamentöse Behandlung von ADS zugelassen sind:

- verschiedene D-Amphetamin-Präparate als Saft oder in Tablettenform

- Atomoxetin in Kapselform

Ihr Arzt/Ihre Ärztin wird das für Ihr Kind und seine Problematik am besten passende Präparat verordnen und mit Ihnen die genaue Einnahme besprechen. Jedes Kind wird individuell therapiert.

3

3.4. Medikation planvoll und verantwortungsbewusst einsetzen

Individuelle medikamentöse Therapie

Jeder Mensch hat unterschiedliche Bedingungen bei der Aufnahme von Medikamenten. Auch bei der Behandlung mit Medikamenten muss bei jedem Kind die individuelle, wirksame Dosierung herausgefunden werden. Es gibt natürlich dank wissenschaftlicher Untersuchungen und jahrzehntelanger therapeutischer Erfahrung gute Anhaltspunkte für die Dosisstärke und die Wirkdauer der einzelnen Präparate. Am einfachsten ist es, die Wirkung und Verträglichkeit bei Ihrem Kind herauszufinden, wenn man mit niedriger Dosierung der Medikation anfängt.

In meiner Praxis hat es sich bewährt, mit einem niedrig dosierten MPH-Retardpräparat anzufangen. Die Erfahrung zeigt, dass die benötigte Dosis sehr unterschiedlich sein kann und nicht direkt mit dem Körpergewicht Ihres Kindes korreliert. Wegen der unterschiedlichsten biologischen Bedingungen in verschiedenen Lebensphasen kann es sein, dass die Dosis im Alter zwischen 9 und 15 Jahren höher liegen muss als im späteren Jugendalter.

Die Medikation ist zunächst in individueller Dosierung regelmäßig zu geben, damit sich die Info-Verarbeitung verbessert und Lösungs-Strategien verfestigt werden.

Individuelles Therapiemanagement bedeutet, die Lebenswelten Ihres Kinder mit den besonderen Anforderungen zu analysieren. Es gilt bei jedem Kind zu entscheiden, welche Hilfen morgens und nachmittags nötig sind. Bei Malte ist auch nachmittags bei den Hausaufgaben und anschließend beim Basketballtraining dringend eine Verbesserung der ADS-Symptomatik notwendig. Bei ihm reicht die Wirkdauer einer Kapsel von 6 Stunden nicht aus. Er muss mittags eine kurzwirksame MPH-Tablette nachnehmen.

Nick braucht die Wirkung von 8.00 bis 14.00 Uhr. Er hat kein so ausgeprägtes ADS wie Malte und schafft es schon gut, seinem Basketballtrainer zuzuhören und im Spiel mit Freunden Kompromisse zu machen. Im Unterricht und beim Lernen ist er noch auf die Medikation angewiesen.

Malte bei den Hausaufgaben

1. Versuch: es geht gar nichts

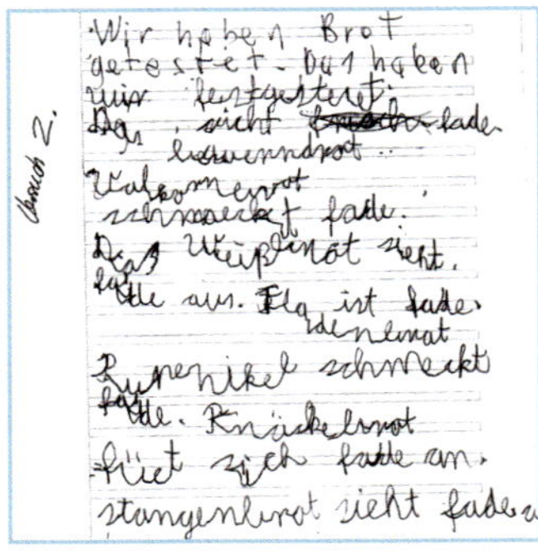

2. Versuch nach 1 Std.

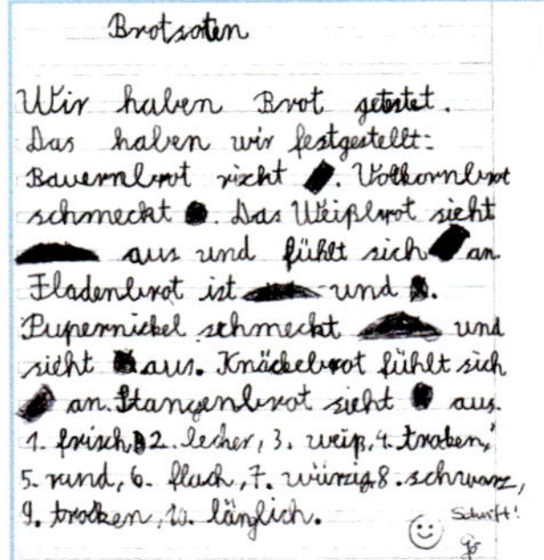

3.Versuch mit Medikation: jetzt gelingt es

\>> **Malte** *hat ein ausgeprägtes ADS mit einer massiven Impulssteuerungsproblematik. Sobald er schreiben und lesen soll und die Mutter darauf besteht, tobt er. Er ist verzweifelt und seine Mutter auch. Sie hat Maltes Versuche, die Deutsch-Hausaufgaben zu erledigen, eindrucksvoll dokumentiert. Im 1. Versuch regiert die Wut alles. Auch Hilfen von der Mutter kommen nicht an. Sie schickt ihn zunächst in sein Zimmer, damit er sich beruhigen kann. Beim 2. Versuch nach ca. einer Stunde geht es etwas besser. Das Ergebnis ist aber auch nicht zufriedenstellend. Vor dem 3. Versuch bekommt Malte noch einmal eine kurzwirkende MPH-Tablette. Er kann jetzt die Aufgabe ohne viel Hilfestellung gut bewältigen und eine Seite ordentlich ins Heft schreiben. Er ist total stolz. Er ist auch inhaltlich an der Sache geblieben und hat das Geschriebene bewusst gelesen. So kann er es sich besser merken und im Unterricht wieder abrufen.*

\>> **Nick**

Nick kann selbst sehr gut beschreiben, dass er ohne die Kapsel „hibbelig" ist, sich nichts merken kann, Strafarbeiten bekommt und Hausaufgaben immer 2 Stunden dauern. Mit der Einnahme einer Kapsel mit längerer Wirkdauer hat er noch eine gute Wirkung mittags. Er erledigt schnell die Aufgaben, kann schöner schreiben und mogelt nicht mehr so schnell beim Spiel mit seinem Bruder.

„Ich mag mich so viel lieber!"

Check: Was hat sich verändert?

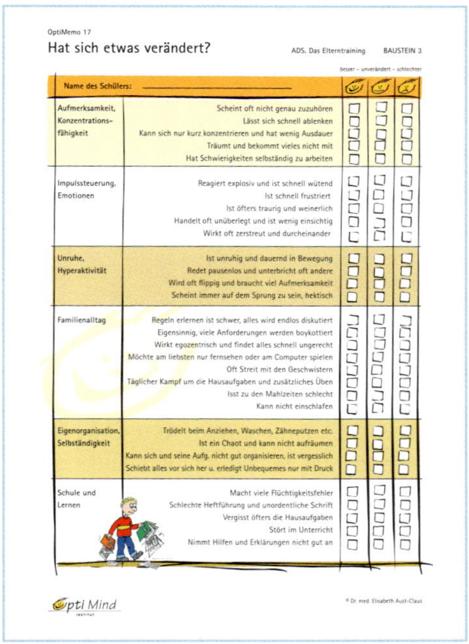

OptiMemo 17

Hat sich etwas verändert?

ADS. Das Elterntraining BAUSTEIN 3

besser – unverändert – schlechter

Name des Schülers:		besser	unverändert	schlechter
Aufmerksamkeit, Konzentrationsfähigkeit	Scheint oft nicht genau zuzuhören	☐	☐	☐
	Lässt sich schnell ablenken	☐	☐	☐
	Kann sich nur kurz konzentrieren und hat wenig Ausdauer	☐	☐	☐
	Träumt und bekommt vieles nicht mit	☐	☐	☐
	Hat Schwierigkeiten selbständig zu arbeiten	☐	☐	☐
Impulssteuerung, Emotionen	Reagiert explosiv und ist schnell wütend	☐	☐	☐
	Ist schnell frustriert	☐	☐	☐
	Ist öfters traurig und weinerlich	☐	☐	☐
	Handelt oft unüberlegt und ist wenig einsichtig	☐	☐	☐
	Wirkt oft zerstreut und durcheinander	☐	☐	☐
Unruhe, Hyperaktivität	Ist unruhig und dauernd in Bewegung	☐	☐	☐
	Redet pausenlos und unterbricht oft andere	☐	☐	☐
	Wird oft flippig und braucht viel Aufmerksamkeit	☐	☐	☐
	Scheint immer auf dem Sprung zu sein, hektisch	☐	☐	☐
Familienalltag	Regeln erlernen ist schwer, alles wird endlos diskutiert	☐	☐	☐
	Eigensinnig, viele Anforderungen werden boykottiert	☐	☐	☐
	Wirkt egozentrisch und findet alles schnell ungerecht	☐	☐	☐
	Möchte am liebsten nur fernsehen oder am Computer spielen	☐	☐	☐
	Oft Streit mit den Geschwistern	☐	☐	☐
	Täglicher Kampf um die Hausaufgaben und zusätzliches Üben	☐	☐	☐
	Isst zu den Mahlzeiten schlecht	☐	☐	☐
	Kann nicht einschlafen	☐	☐	☐
Eigenorganisation, Selbständigkeit	Trödelt beim Anziehen, Waschen, Zähneputzen etc.	☐	☐	☐
	Ist ein Chaot und kann nicht aufräumen	☐	☐	☐
	Kann sich und seine Aufg. nicht gut organisieren, ist vergesslich	☐	☐	☐
	Schiebt alles vor sich her u. erledigt Unbequemes nur mit Druck	☐	☐	☐
Schule und Lernen	Macht viele Flüchtigkeitsfehler	☐	☐	☐
	Schlechte Heftführung und unordentliche Schrift	☐	☐	☐
	Vergisst öfters die Hausaufgaben	☐	☐	☐
	Stört im Unterricht	☐	☐	☐
	Nimmt Hilfen und Erklärungen nicht gut an	☐	☐	☐

Opti Mind

© Dr. med. Elisabeth Aust-Claus

Die Checkliste können Sie als Vorlage kostenlos unter www.opti-mind.de als pdf downloaden.

Machen Sie regelmäßig den Check und schauen, was sich verändert. Sie werden natürlich noch Probleme registrieren, die sich trotz medikamentöser Behandlung nicht gebessert haben. Auch unerwünschte Reaktionen werden damit deutlich. In der Regel erwartet man durch die medikamentöse Behandlung eine bessere Bewertung in den ersten drei Rubriken:

- Aufmerksamkeit, Konzentrationsfähigkeit
- Impulssteuerung, Emotionen
- Unruhe, Hyperaktivität

Oft werden in dem Bereich „Familienalltag" und „Eigenorganisation, Selbstständigkeit" die meisten Felder mit „unverändert" angekreuzt. Gibt es morgens und abends immer noch Diskussionen, Trödeln, Streit mit Geschwistern? Dies sind dann meistens die Zeiten, in denen die Medikation noch nicht gegeben wurde oder abends nicht mehr wirkt. Sie müssen sich darauf einstellen, Regeln durch Rituale oder über Punktepläne einzutrainieren. Lernanforderungen sollten natürlich in der Wirkzeit der Medikation erledigt werden.

Wenn die Schulleistungen noch zu wünschen übrig lassen, muss dieser Punkt genau analysiert werden. Mit einem Medikament können sich die Aufmerksamkeitsfunktionen und die Info-Verarbeitung verbessern. Sie sind aber keine „IQ-Pusher" und können nicht jedes Lernproblem lösen. Die Rechtschreibung kann zum Beispiel aufgrund einer zusätzlichen Teilleistungsstörung trotzdem Probleme machen. Sie müssen therapeutisch gezielt angegangen werden.

Ziehen Sie immer wieder Bilanz. Registrieren Sie Fortschritte und Erfolge und planen weiter Schritte, um Schwierigkeiten aus dem Weg zu räumen. Sie können hierzu den „Check: Was klappt schon gut? Was muss sich noch ändern?", immer wieder nutzen und mit Ihrem Arzt/Ihrer Ärztin und Ihrem Therapeuten/Ihrer Therapeutin weitere Unterstützung auf den Weg bringen.

Welche Unverträglichkeiten gibt es?

MPH wird seit über 70 Jahren in der Therapie eingesetzt und gilt als einer der besterforschten Wirkstoffe. Durch jahrzehntelange Begleitung und wissenschaftliche Untersuchungen von Patienten kann widerlegt werden, dass MPH langfristige Schäden oder Abhängigkeiten verursacht. Die Medikation mit MPH ist in der Regel recht gut verträglich. Besonders bei jüngeren Kindern können als Unverträglichkeit eine Verminderung des Appetits in der Wirkzeit und vorübergehend auch manchmal Einschlafstörungen auftreten. Eltern stellen sich auf diese Besonderheiten ein und bieten z.B. die Hauptmahlzeit mit vielen Kohlenhydraten abends an.

Natürlich besprechen Sie dies mit Ihrem Arzt/Ihrer Ärztin. Er/sie kann Ihnen Ergebnisse der Wirksamkeitsstudien zeigen und jede Frage von Ihnen fundiert beantworten. Durch die ärztliche Beratung werden Sie sich besser informieren können als durch die unüberschaubaren Infos im Internet.

Die Therapie wird von Ihrem behandelnden Arzt/Ärztin begleitet. In der Regel wird die psychische und körperliche Befindlichkeit Ihres Kindes kontinuierlich überwacht, Körpergewicht und Körperlänge, Blutdruck und Puls werden gemessen.

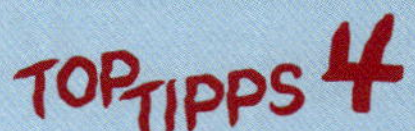

Einige praktische Tipps zur Ernährung Ihres Kindes

- Machen Sie das Frühstück zu einer wichtigen Mahlzeit zu Beginn des Tages.
- Lassen Sie Ihr Kind abends schon aussuchen, was es zum Frühstück essen möchte. Manchmal bewährt sich eine Ankreuzliste, auf der drei Möglichkeiten schriftlich vermerkt sind.
- Sehen Sie darüber hinweg, dass Ihr Kind kein Pausenbrot isst. Vielleicht mag es lieber einen Trinkjoghurt oder nur eine Trinkflasche mitnehmen.
- Bestehen Sie darauf, dass Ihr Kind mittags wenigstens eine Kleinigkeit isst und nicht nüchtern bleibt. Es darf zum Beispiel auch Müsli oder ein Brot sein.
- Servieren Sie abends die nährstoffreichste und kalorienhaltigste Mahlzeit mit vielen Kohlehydraten.
- Geben Sie Süßigkeiten als Nachtisch und nicht als Zwischenmahlzeit, damit Ihr Kind genügend Hunger für die Hauptmahlzeiten behält.
- Zwingen Sie Ihr Kind nicht zum Essen. Stellen Sie aber klare Regeln auf, wie lange man am Tisch sitzen bleiben sollte und dass wenigstens eine Kleinigkeit gegessen wird.
- Diskutieren Sie nicht über das Essen und verlagern Sie alle Auseinandersetzungen außerhalb der Mahlzeiten.

Viele ADS-Kinder sind schon immer – auch vor der Einnahme der Medikation – auffällig in ihrem Essverhalten gewesen. Sie essen nicht alles, sind sehr wählerisch und haben ein sehr eingeschränktes Repertoire von Speisen, die sie mögen.

Wichtig zu wissen!

Wie lange sollte mein Kind behandelt werden?

Die notwenige Behandlungsdauer ist unterschiedlich. Einige Kinder lernen schnell Kompensationsstrategien unter der Medikation, so dass sie eventuell nach einiger Zeit auch ohne Medikation diese anwenden und keine Probleme haben. Andere Kinder mit ausgeprägtem ADS brauchen über ihre ganze Schulzeit die Unterstützung. Natürlich schaut man immer wieder, wie gut ADS sich kompensiert, wenn Medikation abgesetzt wird. Besprechen Sie mit Ihrem Arzt/Ihrer Ärztin, ob und wann es Sinn macht, die medikamentöse Therapie zu beenden. Sie als Eltern erleben Ihr Kind in der Regel nachmittags oft schon viele Stunden ohne Medikation. Wie gut kann Ihr Kind Anforderungen auch außerhalb der Wirkzeit bewältigen? Wie gut hört es anderen bei Freizeitaktivitäten zu? Wie gut klappt die Verhaltenssteuerung im Sport und beim Spielen? Wie gut werden die Strategien aus der Verhaltens- und Lerntherapie eingesetzt? Sie können Bilanz ziehen mit dem „Check: Was klappt schon gut? Was muss sich noch ändern?" aus Kapitel 3.

Info!

Die 10 größten Irrtümer

1. Die Medikation zaubert sofort alle Probleme weg.
2. Mein Kind wird schlauer und kann dann auf jeden Fall das Gymnasium besuchen.
3. Mit der Medikation sind alle Hilfestellungen/Therapien überflüssig.
4. Mein Kind lernt dann so gut, dass es zu Hause nicht mehr üben muss.
5. Es gibt nie wieder Konflikte mit anderen.
6. Mein Kind ist selbstständig und kann alles allein regeln.
7. Die Medikation verändert die Persönlichkeit meines Kindes.
8. Mein Kind wird ruhig gestellt.
9. Mein Kind verliert seine Kreativität.
10. Mein Kind wächst nicht mehr.

>> Mutter von Nina

„Alle Befürchtungen sind nicht eingetroffen. Nina ist trotz Medikation unglaublich kreativ. Zuvor wurde mir von vielen Leuten gesagt, dass sich mein Kind unter der Medikation völlig verändern würde. Wenn ich das geahnt hätte, was ich jetzt weiß, hätte ich mich nicht so lange gesträubt, ihr die Kapseln zu geben. Wahrscheinlich hätte sie die 3. Klasse nicht wiederholen müssen und hätte auch nicht die ständigen Kritiken ertragen müssen. Ich bin jetzt so begeistert von ihr, weil sie einfach gerne in die Schule geht, viele Freundinnen gefunden hat und glücklich ist. Sie ist weiterhin sehr erfindungsreich und kreativ. "

Nina kann alles gebrauchen. Sie produziert ständig Neues.

3.5 Was passiert, wenn ADS nicht ausreichend behandelt wird?

Leider hat Ihr Kind das Handicap ADS. Bei jedem Kind muss individuell überlegt werden, was nötig ist, um Probleme zu minimieren und Talente ausreichend zu nutzen.

Wenn keine ausreichenden Hilfen gegeben werden, mit was ist dann zu rechnen? Nicht nur das Verhalten ist in vielen Situationen unangemessen, sondern Schul- und Leistungsprobleme regieren dann den Alltag und verhindern, dass man Zugang zu einer passenden Berufsausbildung bekommt. Am gravierendsten sind aber die negativen Auswirkungen auf die Persönlichkeitsentwicklung durch Stimmungsschwankungen, Misserfolge und Frustrationen auf allen Ebenen. Dies gilt es zu vermeiden.

Info!

Mögliche Folgen einer nicht behandelten ADS-Problematik:

Europäische Studie 2010:

Im Rahmen der European Lifetime Impairment Surveys (Europäische Befragung zur Beeinträchtigung durch ADS im Lebensverlauf) wurden im Jahr 2010 über 2500 Erwachsene mit ADS sowie Eltern von Kindern mit ADS befragt. Die Studie vergleicht ADS-Patienten mit Gleichaltrigen ohne dieses Handicap und bewertet die Auswirkung von ADS auf die Lebensumstände zu Hause, in der Schule, am Arbeitsplatz und in Bezug auf Familie und Freunde. Die Befragung wurde in Deutschland, Frankreich, Großbritannien, Italien, den Niederlanden und Spanien durchgeführt. Die aktuell vorgestellten Ergebnisse basieren auf den Antworten der Eltern von Kindern mit (n = 584) und ohne ADS (N = 516).

Schule und Beruf:

- 30 % der ADS-Kinder müssen eine Schulklasse wiederholen
- Schulverweise, Querversetzung in einen anderen Schultyp mit niedrigeren Anforderungen
- beruflicher Status nicht passend zum Begabungsprofil

Familie und Beziehungen:

- kein Selbstvertrauen, Beziehungen selbst gestalten zu können
- Partnerschafts-Probleme im Erwachsenenalter
- in Familien mit ADS-Kindern drei- bis fünfmal höhere Trennungs- und Scheidungsrate

Gesundheit:

Info!

- hohes Risiko, weitere psychische Erkrankungen zu entwickeln wie Depressionen, Angststörungen, Alkoholprobleme oder andere Suchterkrankung
- vierfach erhöhtes Unfallrisiko im Straßenverkehr mit gravierenden Unfallfolgen

Die Ergebnisse bestätigen andere wissenschaftliche Untersuchungen und zeigen auf, dass ADS-Betroffene es viel schwerer haben, Lebensziele zu erreichen als Menschen, die dieses Handicap nicht haben. Deshalb sollen ADS-Kinder so früh wie möglich effiziente Hilfen erhalten, damit diese Folgeprobleme verhindert werden.

Durch eine effiziente Therapie können die komplexen Probleme in vielen Fällen kompensiert werden.
Auch ADS -Kinder meistern dann mit Strategien Lernanforderungen gut, sie machen einen guten Schulabschluss und sind motiviert, eine passende Ausbildung zu absolvieren. Die Erfolgserlebnisse, Freundschaften und positive Erfahrungen prägen dann die Persönlichkeit.

4 Mit ADS glücklich und erfolgreich sein

Hier erfahren Sie:

>> Talente nutzen – Strategien anwenden – zufrieden sein

>> Ich bin jetzt so wie ich bin

Talente nutzen, Anerkennung erleben und glücklich sein!

4.1. Talente nutzen – Strategien anwenden – zufrieden sein

>> **Sophie**

Sophie hat endlich auch einmal Erfolg bei Klassenarbeiten. Vorbereitung und Anstrengung beim Üben werden jetzt belohnt.

>> **Svenja**

Svenja kann toll vorlesen und überspringt nicht mehr die Endungen. Ihre Blickbewegungen sind jetzt ruhiger und konstanter. Sie hat jetzt Spaß am Lesen, weil sie sinnerfassend lesen kann. Früher hat sie viele Wörter nicht verstanden aufgrund des impulsiven-oberflächlichen Arbeitsstil.

Fotos: Susanne Brill ©, München

>> **Patrick**

Patrick ist nicht wiederzuerkennen. Er ist Musical-Star geworden. Mittlerweile hat er mehrere Castings gewonnen und schon bei vielen großen Aufführungen mitgespielt. Er ist beim Singen und Schauspielern in seinem Element. Trotz Schule und strenger Proben ist er hochmotiviert und motzt nie. Das war früher völlig anders. Er hatte zu nichts Lust und jede Anstrengung war zuviel.

>> **Maike und Oliver**

Maike und Oliver haben beide ADS. Sie profitieren beide von einer umfassenden Therapie. Sie verstehen sich super. Maike hat sogar ihre Ängste in den Griff bekommen, weil sie jetzt die Tipps aus der Verhaltenstherapie für den „Gedankenstopp" anwenden kann.

Sie malt sehr gern und kann ihre Gefühle und Erfolge wunderbar veranschaulichen: Vor der Therapie haben die ständigen „Was-wäre-wenn-Gedanken" verhindert, dass sie sich getraut hat, alleine zur Oma zu gehen etc. Jetzt klappt der Gedankenstopp und die Ängste bestimmen nicht mehr ihr Tun. Sie geht zur Oma, übernachtet bei Freunden, geht zum Judo und kann mit einem Buch und einer Geschichten-CD jetzt auch gut einschlafen.

Therapie – ein großer Gewinn für die Zufriedenheit

>> **Kathrin**

Kathrin ist extrem sprunghaft, hat 1000 Ideen und kann keine wirklich zu Ende führen. Sie ist selbst verzweifelt. Das Chaos in ihrem Kopf macht sie oft wütend und sie zerreißt ihre angefangenen „Produktionen". Die Mutter hat ein Bild gerettet und mitgebracht.

Kathrin ist selbst von der therapeutischen Unterstützung begeistert. Sie entwickelt ihre Ideen weiter und kann sich in ein Thema vertiefen. Sie malt nicht nur Geschichten, sondern kann jetzt im Zusammenhang erzählen und wird selbst nicht mehr durch ihre vielen Assoziationen und Gedankensprünge abgelenkt. Sie verschlingt Bücher, arbeitet sich in Wissensthemen ein. Sie darf wieder im Chor und Orchester mitmachen und hat Spaß, Geige zu lernen. Früher ist sie bei Proben schon nach 5 Minuten vor die Tür geschickt worden. Sie ist stolz und sprudelt vor Energie. Ihre Power setzt sie jetzt sinnvoll ein.

Kathrin hat ein ADS kombiniert mit einer Hochbegabung.

9.11.00
tem. Der Bote uns.
Der Botebrint fünf Bri
Er wirft garten,
alls user

er läuft, ~~weik~~ weg, weil er Anst
hat.
10 Wörter richtig b.w.

>> **Holger:**

Holger haben Sie schon im 2. Kapitel kennengelernt. Er ist mittlerweile in der 3. Klasse. Es gibt ständig Beschwerden, weil er mit Stiften spielt, malt oder aus dem Fenster schaut. Die Lehrerin wertet es als Desinteresse. Dabei wünscht sich Holger nichts sehnlicher, als dass er auch einmal beim Diktat alle Wörter mitbekommt und sie aufschreiben kann. In Mathe das Gleiche. Er will doch eigentlich...

Der Bote bringt uns fünf
Briefe. Er wirft die Briefe
in den Garten, als unser
Hund bellt. Er läuft weg,
weil er Angst hat.

Holgers ADS ohne Hyperaktivität ist so stark ausgeprägt, dass er auf eine medikamentöse Therapie angewiesen ist, um im Unterricht die Aufmerksamkeitsfokussierung zu halten und nicht ständig weg zu driften. Er ist begeistert, dass er endlich auch einmal alle Wörter im Diktat mitbekommt und hinschreibt. Er schreibt jetzt mit guter Konzentration alles richtig. Es besteht keine Rechtschreibstörung, sondern eine massive ADS-Problematik, die er dank der Therapie gut kompensiert.

>> Lilly

Lilly schickt mir mit der Post einen lieben Brief und ein Bild. Sie ist total begeistert und malt, was sie jetzt alles kann und warum sie so zufrieden ist. Sie stellt nebeneinander, wie es mit und ohne Medikation für sie ist:
„Ich habe selten Streit mit meiner Mama und wir können viel stressfreier zusammen spielen. Beim Lernen muss sie mir eigentlich nur noch beim Aufsatzschreiben helfen."

4.2. Ich bin jetzt so wie ich bin

>> Justin

Justin kann gut seine motorische Unruhe beschreiben: „Das Kribbeln in meinen Beinen stresst mich total. Da kann ich mich überhaupt nicht konzentrieren. Ich muss die Beine bewegen und will es gar nicht. Ich schlage dann immer die Beine gegeneinander und klappere mit den Stiften. Diese Geräusche führen dann wieder zu Ärger.
Unter medikamentöser Behandlung: „Ein Glück! Das innere Kribbeln ist weg und ich mache keine Geräusche mehr."

>> Jan

Jan ist sehr verträumt. Er hat ein ADS ohne Hyperaktivität. „Ich muss mich immer wachkriegen. Ich klopfe mir auf den Kopf, das hilft ein bisschen."
Jan kommentiert den Therapieeffekt: „Ich bin jetzt in der Schule wach. Das mit dem mich selbst „wachklopfen" hat sich erledigt.

>> Nick

Die Eltern von Nick sind sehr skeptisch, ob man wirklich die MPH-Kapseln geben soll. Nick selbst empfindet sie als große Hilfe. „Wenn ich die Kapseln nicht nehme, bin ich ziemlich hibbelig und kann überhaupt nicht zuhören. Es ist schon ein ziemlicher Unterschied. Ich kann jetzt besser sagen „Hör auf, lass das!" und muss nicht direkt ausflippen, wenn meine Schwester mich ärgert."

>> Adrian

„Ich ticke sofort aus, wenn mich Melanie anfasst. Die Tabletten helfen nicht so gut gegen meine Wutzwerge, aber ich denke an den Trick aus dem Training und gehe schnell weg."

>> **Sarah**

„Seit ich die Kapseln nehme, bin ich viel ruhiger. Wir können jetzt auch ohne Stress kuscheln und es gibt weniger Geschimpfe."

>> **Max**

„Alle sind jetzt viel netter. Ich darf jetzt immer in der Pause mitspielen."

>> **Yvonne**

„Danke, ich mag mich so viel lieber. Ich bin ich, und die doofen Ausraster will ich doch auch nicht."

>> **Philipp**

„Ich möchte mich an dieser Stelle auch mal bei Ihnen bedanken, dass Sie mir bei einigen Dingen so gut geholfen haben, indem sie Tatsachen angesprochen haben, obwohl sie wussten, dass Sie sich damit meinen Zorn zugezogen haben. Nach der Pubertät merkt man dann doch, dass diese Dinge wichtig waren. Ich bin sehr dankbar, dass ich bei Ihnen lernen durfte - wenn auch zuerst widerwillig - mich zu organisieren und über Ziele nachzudenken. Auch meinen Eltern bin ich sehr dankbar für deren Unterstützung und Hilfe, ohne sie wäre ich wahrscheinlich in meinem Chaos und meiner Unlust in der Schule versunken."

Philipp hat das Gymnasium mit einem guten Abitur abgeschlossen und studiert jetzt Elektrotechnik. Im Studium kommt er sehr gut zurecht und begeistert mit seiner Ideenvielfalt im betrieblichen Praktikum. Obwohl er noch immer ein Chaot ist, kann er sich in der WG an den Putzplan halten. Er ist selbstständig und glücklich mit sich und seinem Leben.

>> **Eltern von Max**

Max kennen Sie schon von den ersten Seiten dieses Heftes.

„Wir sind super stolz auf Max. Sein Weg hatte viele Stolpersteine und es gab auch immer einmal wieder Tiefs. Ein Glück hatten wir viel Unterstützung. Die Erfolge im Alltag wurden immer mehr. Jetzt sind auch wir begeistert von seinem Engagement für andere und finden klasse, dass er mit Begeisterung nach Nicaragua geht.

Max Strahlen an dem Tag, als die Zusage kam, werden wir nie vergessen. Es zeigt uns, dass sich alle Mühen gelohnt haben!

Herzlichen Dank für Ihre Unterstützung! Sie kam gerade zur rechten Zeit."

Weitere Hilfen für Sie:

Auf unserer Homepage www.opti-mind.de finden Sie

- Infos zu dem Aufmerksamkeitsdefizitsyndrom (ADS) in allen Altersstufen
- Vorlagen, Checklisten und Pläne zum kostenlosen Downloaden
- Adressen von Fachleuten, die das ADS-Elterntraining durchführen
- Fortbildungsseminare

Veröffentlichungen und Ratgeber auf www.opti-mind.de zum Bestellen:

Zum ADS-Elterntraining:
Für Eltern:

ADS. Eltern als Coach – Ein praktisches workbook
ISBN 978-3-937003-01-6

ADS. Eltern als Coach – Die DVD zum ADS-Elterntraining
ISBN 978-3-937003-02-3

Für Therapeuten:

ADS. Das Elterntraining – Manual für den ADS-ElternCoach mit Materialien auf CD-ROM
ISBN 978-3-937003-03-0

Zur Unterstützung des ADS-Kindes:
Für ADS-Kinder, Eltern und Pädagogen/Therapeuten:

ADS.TopFit beim Lernen – Bedienungsanleitung für dein Gehirn/Lernstrategien
ISBN 978-3-937003-00-9

ADS aus Sicht der Kinder – Multimedia-Seminar auf CD-ROM
ISBN 978-3-937003-05-4

ADS und Lernprobleme – Multimedia-Seminar auf CD-ROM
ISBN 978-3-937003-06-1

Die CD-ROM „ADS aus Sicht der Kinder" sowie „ADS und Lernprobleme" wurden 2007 beide von der Gesellschaft für Pädagogik und Information e.V. (GPI) mit dem begehrten Comenius EduMedia Siegel ausgezeichnet.

Materialien für das Aufmerksamkeits- und Wahrnehmungstraining
Für Eltern und ADS-Kind:

OptiMind-Training. Das Aufmerksamkeits- und Wahrnehmungstraining für Kinder - Übungen für zu Hause mit multimedialer Schulung und Materialien auf CD-ROM
ISBN 978-3-937003-07-8

Für Therapeuten:

OptiMind-Training. Das Aufmerksamkeits- und Wahrnehmungstraining für Kinder - Das ADS-Therapieprogramm mit multimedialer Schulung und Materialien auf CD-ROM
ISBN 978-3-937003-08-5